久保聖一 Seiichi Kubo

# 英語感覚が理屈でわかる英文法

A New Guide to English Grammar
Based on Logical and Methodical Reasoning

## はじめに

　この本を手に取ってくださり、本当にありがとうございます。

　『英語感覚が理屈でわかる英文法』は、ネイティブの感覚や意識に焦点を合わせて書かれている**英文法の入門書**です。そして中学までの英語を十分に理解している方なら**だれでも気軽に読める**ものとなっています。

　書店に行くと、英文法の基礎や全体について説明している良書が山のようにあります。でも、私たち日本人にとってつかみにくい、動詞の時制や冠詞・前置詞・助動詞などについて、かゆいところに手が届くような感じで説明している本は多くはないように思います。それでこの本では、様々な文法表現の**元に存在しているネイティブの感覚や意識に目を向けて**、いっしょに考えていくようなスタイルで、英文法がとてもわかりやすく扱われています。

　たとえば学校教育では、have ＋ Vpp（過去分詞）という現在完了形は、中3で教わり、それには4つの用法があると説明されます。それは、「完了」「結果」「経験」「継続」というものです。そしてどんな表現がそれに付くと、その4つの中のどの用法に属するかという形で皆さんも説明を受けてきたのではないでしょうか。そうした教え方は、音声や書きことばとして**外**に表れる言語表現を**分類整理**して表記するもので、説明するにはなるほど良い方法の

1つですが、一方では、その引きがねや元となっている**内**にある**ネイティブの感覚や意識**を無視した、真の理解を伴わない丸暗記を強いる教え方ともなりかねません。

　たとえば次のような質問に皆さんはどのように答えるでしょうか。　1. **現在完了形が焦点を当てているのはいつのことでしょうか。** 2.「完了」や「継続」など一見矛盾するような意味を持ち合わせていますが、**ネイティブは have ＋ Vpp で、いったい何を伝えようとしている**のでしょうか（そこには、いつでも共通のどんな感覚や意識が込められているのでしょうか）。

　〈参照〉答えは、感覚2のセクション5をごらんください。

　**この本はこうしたことに答える本**となっています。そして同時に、「現場」の声や気持ちが反映されている本とも言えると思います。なぜならこの本は、30年以上に及ぶ塾や予備校という教育現場において、様々な悩みや疑問をかかえてきた生徒たちとの交流や指導の中から生み出されたものだからです。皆さんもきっと読んでいく中で、大勢の生徒たちが感じてきた「わかる喜び」を実感していただけるものと思います。

　さて、表現の「元」になっているものをネイティブ感覚に照らしてつかんでいくことに加えて、この本には**もう1つの特色**があります。それは、各単元の最後に用意されている**「重点チェック・即答10問　リミット○○秒」**というコーナーです。これも長年の教育現場での経験から、考え抜いて用意されたものです。

　皆さんもお気づきのように、言語学習というのはそもそも理解だけですむようなものではありません。その点**言語を身につけ**

るというのは、スポーツにとても似ています。たとえばテニスでバックハンドストロークの打ち方について、なぜこういう打ち方がよいかがわかったとしても、それだけでは実際にはほとんど打つことができません。それと同じように言語の習得も、**理論だけではほとんど役に立たない**のです。

では、**何が助けとなる**のでしょうか。

それは**根本となる大切な基本を徹底的にくり返すこと**です。しかも考えなくても出てくる「反射の域」まで身につけることが、どうしても必要です。でもそれさえできてしまえば、あとは実際にたくさんの英文に触れることによって、その表現を様々に使いこなせるレベルにまで引き上げ、それをすっかり**自分のものにすることができる**のです。そんなわけで各単元の終わりに、それぞれの文法表現の根底にあるネイティブ感覚に主に焦点を当てた「重点チェック・即答10問　リミット〇〇秒」というコーナーを設けたのです。

そこで、ぜひ制限時間までにすべてがスラスラと言えるようになるまで反復していただけたらと思います。そうするなら、たとえ1回目に読んだときにはつかみ切れなかった説明も、「反射」が身についたあとであらためて読み直してみると、「なるほど！」と、さらに深く納得していただけると思います。

それではさっそく、**ネイティブ感覚にもとづく真の理解**と、根本的な事柄の「**反射**」を主要なベースにしているこの本を、**まずはサクサクと楽しみながら読んでいただけたら**と思います。

「英語感覚が理屈でわかる英文法」●目次●

はじめに……………………………………………………………………………3

## 感覚1　英語の文構造に関する感覚

1　日本語と英語の一番大きなちがいって何だろう？……………12
2　日本語と英語ではどんなふうに語順がちがう？………………13
3　英語独特の語順とはどんなもの？……………………………………15
4　英文の要素であるS/V/O/Cになれるのはどんなことば？…17
5　S/V/O/Cの中で「ボス」と言えるのは？……………………………20
6　英語のキャラクターって、どんなもの？……………………………23
7　練習問題…………………………………………………………………26
重点チェック・即答5問 ……………………………………………………30

## 感覚2　動詞の時制に関する感覚

この単元のねらい……………………………………………………………34

PART 1

1　時制ってどんなこと？……………………………………………………36
2　現在形でネイティブが伝えるのはどんなこと？……………………37
3　過去形でネイティブが伝えるのはどんなこと？……………………45
4　進行形でネイティブが伝えるのはどんなこと？……………………49

6

PART 2

5　完了形でネイティブが伝えるのはどんなこと？ ……………… 62
6　完了進行形でネイティブが伝えるのはどんなこと？ ………… 72
7　未来に関する様々な表現をネイティブはどう使い分け
　　ている？ ………………………………………………………… 75

重点チェック・即答10問 ……………………………………………… 81


### 感覚3　様々な動詞表現に関する感覚

この単元のねらい ……………………………………………………… 86

PART 1

1　go と come の使い分け感覚は？ ………………………………… 88
　　〜「帰宅する」は、go home それとも come home? 〜
2　動詞における「点」と「線」の使い分け感覚とは？ ………… 91
　　〜「2時間電車に乗る」は、get on the train for two
　　hours でいい？〜
3　使役動詞の make・have・let・get の使い分け感覚は？ …… 94
　　〜「行きたい」と望んでいる人を「行かせる」ときに
　　使うのは、どれ？〜
4　help + 人や rob + 人などに見られる「相手感覚」とは？ … 101
　　〜 help my homework は、なぜダメ？〜

PART 2

5　ネイティブにとっての自動詞感覚、他動詞感覚とは？ …… 106
　　〜自動詞と他動詞って、どうちがうの？〜

6 感情・心理系の「させる動詞」の感覚とは？ …………………115
　～exciteは「興奮する／させる」のどちら？　そして、
　なぜ？～
7 「受け身」の文って「理由あり」の文？ ………………………120
　～ネイティブはどんなときに「受け身」の文を使う？～
> 重点チェック・即答10問 …………………………………………133


### 感覚4　助動詞に関する感覚

この単元のねらい ……………………………………………………138
1 助動詞って何を伝えることば？ …………………………………139
2 助動詞の2つの主な用法とはどんなもの？ ……………………141
3 5つの主要な助動詞の中心イメージとはどんなもの？ ………142
4 「話し手の思い」がいつの時点に向いているかはどこから
　わかる？ ……………………………………………………………150
5 助＋have＋Vpp が伝える2つのニュアンスとは？ ……………157
6 助動詞と助動詞もどき表現はどこがちがう？ …………………160
7 覚えておくとよい助動詞表現とは？ ……………………………163
> 重点チェック・即答10問 …………………………………………165


### 感覚5　仮定法に関する感覚

この単元のねらい ……………………………………………………170
1 仮定法表現ってどんなもの？ ……………………………………172

2 「現実離れ」をネイティブはどう表現する？ ……………………177
3 仮定法表現の基本パターンとはどんなもの？ ………………180
4 倒置による if の省略とは？ ……………………………………185
5 would、could などを見たときの注意点とは？ ………………187
6 覚えておくとよい仮定法表現とは？ …………………………189
7 仮定法を用いるネイティブの「こころ」とは？ ………………191
重点チェック・即答10問 …………………………………………199

## 感覚6　冠詞・名詞に関する感覚

この単元のねらい ………………………………………………204
1 a と the ってどうちがう？ ……………………………………206
2 ネイティブは名詞をどう分類して捉えている？ ………………209
3 無冠詞の用法とは、どのようなもの？ …………………………215
4 a の覚えておくとよい使い方とは？ ……………………………220
5 the の覚えておくとよい使い方とは？ …………………………224
6 some と any の感覚とは？ ……………………………………230
7 冠詞や無冠詞を使い分ける原則とは？ …………………………235
重点チェック・即答10問 …………………………………………237

## 感覚7　前置詞に関する感覚

この単元のねらい ………………………………………………242
1 前置詞ってどんなことば？ ……………………………………244

2 前置詞が持つ「動の世界」と「静の世界」とは？ ……………247
3 前置詞のたくさんの意味をどう覚えたらいい？ ……………249
4 基本的な前置詞の中心イメージとは？ ……………………264
5 とてもたくさんあるグループ前置詞とは？ ………………270
6 よく出る前置詞表現とは？ …………………………………272
7 日本語につられてまちがえやすい前置詞表現とは？ ………276
重点チェック・即答10問 ……………………………………283

結びとして ………………………………………………………286

感覚 **1**

# 英語の文構造に関する感覚

## 1 日本語と英語の一番大きなちがいって何だろう?

　皆さんはどう思いますか。一番と言われると、困るかもしれませんね。でも、語順がちがう ことは、もっとも大きなちがいだとは思いませんか！　そのために、今に至るまで私たちの苦労は続いているのかも。これがもし日本語と語順が同じだったら単語さえ覚えればすむのに…と思うのは、きっと私だけではないはずです。

　語順がちがうってことは確かに重大ですよね。でも言い換えれば、**それを本当に強く意識すれば、英語を自分のものにする近道となる**とも言えるのではないでしょうか！

## 2 日本語と英語ではどんなふうに語順がちがう?

**まず、日本語から**試してみることにしましょう。たとえば、次のような一文を用意しました。

「*太郎くんは／　きのうの午後に／　たかしくんと／
自転車で／　山下公園へ／　行きました*」

意味を変えることなく、この文の順序を変えることは可能でしょうか。
もちろん可能です！　たとえば、いくつか挙げてみると、たとえば…

「太郎くんは　自転車で　きのうの午後に　たかしくんと
山下公園へ　行きました」
「きのうの午後に　太郎くんは　自転車で　たかしくんと
山下公園へ　行きました」などなど。

数学の順列組み合わせではありませんが、こうして考えていくと、様々な順序のものができそうですね。

でもそのように順序を変えた文を、仮に10個並べて比較をしてみると、**1つだけ不動のものがある**ことに気づかされます。それは、何でしょうか。

そうです、**述語がいつも最後に来る**ということです。

詩を作っていて、印象を強く残すために「倒置法」という技巧でも使うのでないかぎり、**日本語では、述語が最後に来て、あとはかなり語順は自由**ということが、よくわかるのではないでしょうか。

　**では、英語はどう**でしょうか。英語も日本語と同じように語順を入れ替えても、意味は変わりませんか。答えは NO！です。それは、*Bill* loves *Ellen*. と、*Ellen* loves *Bill*. を比較してみても、すぐにわかります。

　この例からもわかるように、こんな大切な原則がはっきりと見えてきます。そうです！
　**英語では基本的に語順が決まっていて、語順が意味を決めていく**ということです。

## 3 英語独特の語順とはどんなもの?

学校では5文型というものを習いましたが、

**基本的には英語の語順は2つ** しかありません。

それは大づかみに言うと、次のようになります。〈表①〉

1. あるものの **有様(正体・状態・性質など)について述べたい** ときには

⇒ ①〜は ②= ③〜 ④その他   〈だれは イコール なんなの その他〉と暗記

①主語:S ②be動詞 ③補語:C ④修飾語句:M

例:私の父は 10年前 警察官 でした。⇒ 私の父は = 警察官 10年前.

2. あるものの **動き(すること・したこと・していることなど)について述べたい** ときには

⇒ ①〜は ②〜する ③〜を ④その他   〈だれは どうする 何を その他〉と暗記

①主語:S ②一般動詞 ③目的語:O ④修飾語句:M

〜に〈だれに〉も、目的語になります。

「その他」の大まかな順序は、1st どのように/2nd どこで/3rd いつ となります。

例:私は 午前中 英語を 一生懸命に 勉強しました。⇒ 私は 勉強しました 英語を 一生懸命に 午前中

# 5文型の、SVC は 上の表の1に、それ以外は上の表の2に含めることができます。
SV は〈だれは どうする その他〉、SVOO は〈だれは どうする だれに 何を その他〉
SVOC は、「何を」のあとにそのものの状態などを表すことばが付録として付くと考えます。

イメージで上の表の語順を示すと、S＝C と、S⇒O といった感じになります。

　このように表現してみると、**視覚的で非常にわかりやすい**と感じませんか。

　この語順を、ビデオカメラで撮っていることに例えるなら、
　(S＝C) 主人公の顔が映ったかと思うと、次にその正体や状態がカメラに映るというタイプ
　(S⇒O) まず主人公の顔が映し出され、ついでその動きが映され、その後に、その対象物や相手がカメラに映るというタイプです。
　I（私）　love（ハートが向かっている）　Rose（対象はローズ）.
　He（彼）　kicked（足がのびていく）　the wall（相手は壁）.（痛そう…）といった感じです。

　この、〈**だれは　イコール　なんなの　その他**〉と〈**だれはどうする　何を　その他**〉という英語の語順は、**反射的に口から出るように**、何十回でも何百回でも口ずさんで、からだで覚えるようにしてみてくださいね。
　ネイティブは寝ても覚めても四六時中、この語順でものを考え、語りかけているのですから。そして何よりも、**語学は**、反射が求められる**体育系の学問**なのですから。

## 4 英文の要素であるS/V/O/Cになれるのはどんなことば？

ではここで、それぞれのパーツについて確認しておきましょう！

まず **主語：S**（subject）ですが、これは**これから何について話していくのか**、その**トピックを示すことば**で、英語では一般に、代名詞を含む **名詞** が**主語になる**ことができます。

次に **補語：C**（complement）ですが、この表現は**前にある名詞について、それがどんなものであるのか、どんな状態であるのかを補足して示すことば**で、英語では一般に、**名詞や形容詞（そしてそれに準ずることば）** が補語になります。

**目的語：O**（object）については、これは「目的」を表すものではなく、**動きや働きかけを受ける相手や対象を示すことば**と理解しておいてください。「目的語」と訳されている object ということばには、「目的」という意味以外に「対象」という意味もあり、昔そのことばが文法用語として入ってきたときに誤訳され、「目的語」と名づけられてしまったのです。その後今日まで、その呼び名は変わっていません。そして肝心な点として、目的語になれる資格がある語は、主語の場合と同じで、名詞です。**名詞 が目的語になる**ということをしっかりと覚えておきましょう。

**動詞：V**（verb）については、まず大きく2つに分けることができます。

**＝〈イコール〉のような働きをしている** be 動詞（is、am、are/was、were）と、**それ以外の** 一般動詞 です。

　また一般動詞は、「知っている（know）」や「持っている（have）」というような**動きのない状態を表す** 状態動詞 と、「書く（write）」や「走る（run）」のようにビデオに撮ることのできる、**動きを伴う** 動作動詞 とがあります。

　そして動作動詞はさらに、2通りの動作に分けて捉えることができます。
　「出発する（leave）」や「止まる（stop）」「着く（reach）」のように、**何時何分に**そのことが起きて**成し遂げられて終了する、継続性のない** 点の動作動詞 と、「勉強する（study）」や「待つ（wait）」「泣く（cry）」などのような、一定期間続く**継続性のある** 線の動作動詞 です。
　そのことも、ぜひ覚えておいてください。

　こうした知識があるなら、たとえば進行形の文を正しく訳すときにも助けになります。
　例を挙げて考えてみましょう。
　まず「点の動作動詞」の例ですが、The bus *is stopping*. という英文を、皆さんはどう訳すでしょうか。この be ＋ Ving のような進行形は、本来「変化・途上の状態」を表しますが（詳しくは、感覚2（p.49）をごらんください）、これをもし「そのバスは止まっている（ところだ）」と訳してしまうなら、それは「変化・途上の状態」を示す訳とはならず、むしろ「完了した状態」を伝えて

しまうため誤訳となってしまいます。

では正しい訳はどうなりますか。「そのバスは止まりかけている」とか「止まりつつある」とするならば、「変化・途上」であることを示しているので正しいといえるでしょう。

一方、これが「線の動作動詞」であるなら、たとえば、He *is watching* TV. を「彼はテレビを見ている（ところだ）」と訳すことには、少しの問題もありません。この訳で、その行為がまだ未完了で、「変化・途上の状態」であることを、ちゃんと示しているからです。

このように、動作動詞の「点」か「線」かの区別は、様々な文法表現を正しくつかんで訳す上でも大切なものとなりますので、ぜひ区別していただけたらと思います。

それではここで、動詞についてこれまで述べてきたことを少し整理してみましょう。

図で表すと、次のようになるでしょう。〈表②〉

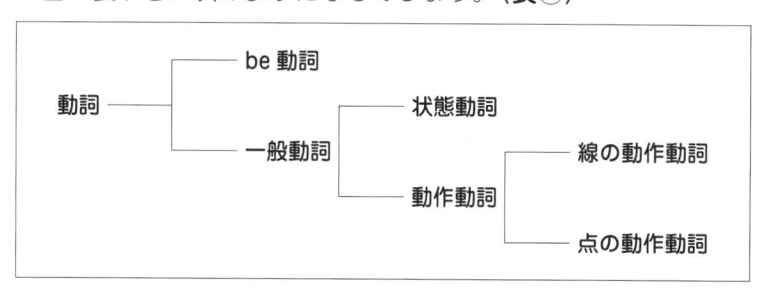

```
動詞 ─┬─ be動詞
      │
      └─ 一般動詞 ─┬─ 状態動詞
                    │
                    └─ 動作動詞 ─┬─ 線の動作動詞
                                  │
                                  └─ 点の動作動詞
```

## 5 S / V / O / C の中で「ボス」と言えるのは?

　皆さんはどう思いますか。この「4人」の中で、ピリオドで終わる英文全体を取り仕切り、支配しているといえるのは、いったいだれなのでしょうか。

　　結論から言うと、**それは　動詞（述語）です！**

　なぜかというと、**話のテーマ（話題：トピック）を主語によって示したあと、それについてのもっとも大切な、結論的なことを端的に述べているのが動詞である**からです。

　でも、実はもっと大きな理由があります。
　それは**動詞は、　動詞以後の文の形がどうなるかを決めてしまう**というところにあるのです。

　たとえば私が、I hope と話し始めます。するとこの hope という動詞は、主に、hope that + 文か、hope to V という形で続きを話すように、私に「指令」を下します。仮に私が、hope O (だれに) O (何を) という語順を使いたいと思っても、hope はそれを決して許さないのです。

　そして、**もう1つ、とても重要なことがあります**。これは、英語でも日本語でもどちらにも当てはまることなのですが、**文中の**

**すべての意味のかたまりは、動詞（述語）にかかっていく**という性質です。これも決して見落とすことができません。

どういうことかというと、たとえば、

*「私は／　きのう／　ひどい風邪のために／　新宿で行われる予定となっていたその会議に／　出席することができませんでした」*

という文を考えたときに、／で区切られたすべての意味のかたまりは、まちがいなく、「出席することができませんでした」という述語にかかっていくということなのです。つまり、「私は」⇒「出席することができませんでした」「きのう」⇒「出席することができませんでした」「ひどい風邪のために」⇒「出席することができませんでした」というようにです。

英語も全く同じように、すべて述語にかかっていきます。

では、次のような日本語を英語にしたい場合、どのような順番で組み立てていくことができるでしょうか。

**「私が愛している女性はきのうとても似合うネクタイを私に買ってきてくれた」**

迷ったときには、まず動詞を探してください。日本語では述語が最後に来るので、句点（。）からさかのぼって、動詞らしい動詞を見つけ（今回の場合には「買う」)、その動詞から文の最後までを述語と見なしてグループ分けしていくなら、すっきりと整理しやすくなります。

つまり、このようにグループ分けすることができます。

「私が愛している女性は／　きのう／　とても似合うネクタイを／　私に／　買ってきてくれた」。

そしてここまでくれば、あとは英語の語順に並べ替えて、「私が愛している女性は／　買ってきてくれた／　私に／　とても似合うネクタイを／　きのう」という順に表現していけばよいのだと気づくにちがいありません。

さて、いろいろなことを述べましたが、**英語の文中では、動詞（述語）が「ボス」である**という点を十分に納得していただけたでしょうか。

特に、**動詞が、動詞以後の文の形を決めてしまう**という点はよく覚えておいてほしいと思います。英語では、それを文型と呼んでいるのです（辞書などでは、それを20以上にパターン化しています）。

## 6 英語のキャラクターって、どんなもの？

　さて、この感覚1という単元全体を振り返って、皆さんは英語のキャラクターってどんなものだと感じられましたか。ここでちょっと、口のとても重いネイティブのAさんがいて、2人で会話している場面をいっしょに想像してみることにしましょう。

　　A：「**おれさぁ……**」　　　（S）
　　B：「おい、どうしたんだよ？」
　　A：「**こわしちゃったんだ……**」　　（V）
　　B：「えっ、何を？」
　　A：「**おやじが大事にしていた例の花瓶をね……**」　　（O）
　　B：「どうやって？」
　　A：「**いやぁ、うっかり足をひっかけちゃって……**」　　（M）

　こうして、考えていくと、相手からせかされて それに答えるようにして話していったAさんのセリフは、そのまま英語の語順になっていることに気づかされるのではないでしょうか。
　そうです、英語というのは、どちらかというと**昔の江戸っ子気質のような、核心となることからどんどん話していく、率直で気短かなキャラクター**と言えるような気がするのです。
　そしてこの特徴は、文だけに限らず、意見を述べるときも、段落や文章全体の論議展開においても、すべてに貫かれているということがわかるでしょう！

では、この単元のまとめとして、練習問題を解いてみることにしましょう。

ちょっと前のところで、〈だれは　どうする　何を　その他〉という語順について考えました。
「**だれは**」は、全体会議のときだけ顔を出すような「会長さん」、そして「**どうする**」は、実質的に全体を取り仕切っている「ボス」、「**何を**」とか「**だれに**」は、右腕のようになって、「ボス」のすぐそばでサポートする「幹部」、そしてしんがりは、「**その他**」を構成する 大勢の「ひら社員たち」と考えてみるとよいでしょう。

この語順は、「ゆっくり／走る」のように「2人」しかいないようなときでも当てはまるものです。この「ゆっくり／走る」を今考えたことに当てはめていくと、「ゆっくり」は「ひら社員」、そして「走る」は「ボス」ということになります。それで「全体会議」のような場面でなくて「2人」しかいないような場面であっても、「ボス」と「ひら社員」とがそこに居合わせているわけですから、たとえばレストランに入ったり、席に着いたりする場面でも、「どうぞボスが先に！」ということで、「走る（run）／ゆっくり（slowly）」という語順となるのです。

24

つまり、先ほどの**表①（p.15）に書かれていた語順は、優先順位の序列のように考えればいい**ことがわかると思います。

# 7 練習問題

では、今考えてきたことを、問題を通して確認してみることにしましょう！

**練習問題1** 次の日本語を英語の語順に並べ替えてみましょう。
（英語に直さなくてよい）

(1) 思い切り／　叫ぶ　⇒
(2) 金づちで／　たくさんの釘を／　打ち込む　⇒
(3) 毎日／　真剣に／　図書館で／　日本史を／　学ぶ　⇒
(4) 彼は／　だれに対しても／　とても親切／　です。　⇒

**解説**　いかがでしたか。要領がつかめてきたでしょうか。順に「役」を考えてみましょう！

(1) ひら社員／　ボス
(2) ひら社員／　幹部／　ボス
(3) ひら社員3／　ひら社員1／　ひら社員2／　幹部／　ボス
(4) 会長／　ひら社員／　幹部／　ボス
　＃　「です」はイコールに相当する語なのでボス扱い。

**解答**　日本語のまま、英語の順序に並べ替えると、次のようになります。

(1) 叫ぶ／　思い切り
(2) 打ち込む／　たくさんの釘を／　金づちで

（3）学ぶ／　日本史を／　真剣に／　図書館で／　毎日
（4）彼は／　イコール／　とても親切／　だれに対しても

　では、慣れてきたと思いますので、今度は自分で区切りを入れて、与えられた日本語を英語の語順に並べ替えてみてください。

**練習問題2**　区切りを入れて、英語の語順に並べ替えてみましょう（下線は述語）。
（1）放課後に校庭でテニスをする。
（2）試験に備えるために私は部活をやめなければならなくなるだろう。
（3）公園で遊んでいるあの少年たちのことを私は知っています。
（4）私の将来の夢は難民の大勢いるところで医療活動を行うことです。
（5）私はどう生きていけばよいかを彼に話した。
（6）彼女がそれをこわしたと私は考えている。

**解説**　いかがでしたか。今度は少し難しかったかもしれませんね。
　**カギは、述語を上手に識別できたかどうか**ということにかかっているように思います。
　手順としては、まず最初に述語に下線を引き、意味のかたまりごとに／で区切っていきます。その際、文の意味を変えることなく、自然に述語にかかっていく仕方で区切るように心がけてください。また、「どうする」という述語を含まない「イコール型」の文の場合には、「〜は」のあとに必ず＝を入れるようにしましょう。

（1）放課後に／　校庭で／　テニスを／　する。
（2）試験に備えるために／　私は／　部活を／　やめなければならなくなるだろう。
（3）公園で遊んでいるあの少年たちのことを／　私は／　知っています。
（4）私の将来の夢は／＝　難民の大勢いるところで医療活動を行うことです。
（5）私は／　どう生きていけばよいかを／　彼に／　話した。
（6）彼女がそれをこわしたと／　私は／　考えている。

　ここまでくれば、あとは〈だれは　どうする　何を　その他〉を当てはめていけば大丈夫だと思います。

**解答**　日本語のまま、英語の語順に並べ替えますと、
（1）する／　テニスを／　校庭で／　放課後に
（2）私は／　やめなければならなくなるだろう／　部活を／　試験に備えるために
（3）私は／　知っています／　公園で遊んでいるあの少年たちのことを
（4）私の将来の夢は　＝　難民の大勢いるところで医療活動を行うこと
　　♯　＝のあとの表現は、名詞か形容詞の形でまとめ、「です」などは取り除くようにしましょう。
（5）私は／　話した／　彼に／　どう生きていけばよいかを
　　♯　p.15のSVOOを参照。
（6）私は／　考えている／　彼女がそれをこわしたと

これで、この単元は終了です。

いかがでしたか。英語の語順感覚、そして述語（動詞）が「ボス」であるという感覚が実感できたでしょうか。では、このあとの単元を通して、動詞とその周辺にかかわる 様々な英語的な感覚を、いっしょに楽しんでいきましょう！

さあ、最後に次の要点チェックをクリアできれば、この単元は卒業です。

**どれも反射で、即答することが期待されています**。答えは質問の下に簡潔に示されています。その表現どおりでなくても、下線の要点が含まれていて 内容が同じであれば大丈夫です。

答えの部分を隠しながら、どうぞすべての質問に即答できるまで練習してみてください。リミット◯◯秒という表示は、最初の質問を見始めてから、最後の質問に答え終わるまでの制限時間です。

くり返しますが、**語学は体育系の学問です。反射でなければ何の役にも立ちません**。どうぞ、体で覚えるような気持ちで取り組んでみてくださいね。

*それでは　Let's try!*

# 重点チェック・即答5問

(リミット60秒)

1 日本語と英語の語順は、どんなふうにちがいますか。
 (解答) <u>日本語では、述語が最後</u>に来て、<u>あとはかなり語順は自由。</u>
  <u>英語では、基本的に語順が決まっていて、語順が意味を決めていく。</u>

2 英語独特の2つのタイプの基本的な語順とは、どんなものですか。
 (解答) (その1) あるものの、「有様」について述べたいときは、
     <ruby>~は<rt>だれ</rt></ruby> <ruby>=<rt>イコール</rt></ruby> <ruby>~<rt>なんなの</rt></ruby> その他 (S=C その他)

   (その2) あるものの、「動き」について述べたいときは、
     <ruby>~は<rt>だれ</rt></ruby> <ruby>~する<rt>どう</rt></ruby> <ruby>~を<rt>何</rt></ruby> その他 (S⇒O その他)

   # 〈だれは イコール なんなの その他／だれは どうする 何を その他〉を1セットとし、何も見ずに<u>3セット</u>をくり返し言って、<u>7秒を切る</u>タイムで言えるようにもしましょう！

3 英文の要素である S/V/O/C に関して、
 ① それぞれ、どんなことばが S/O/C になれますか。
 ② そして V は、どのように分類できますか。
 (解答) ① <u>基本的に、S は名詞、O は名詞、C は名詞か形容詞。</u>
   ② 次の内容が口頭で言えれば OK です。

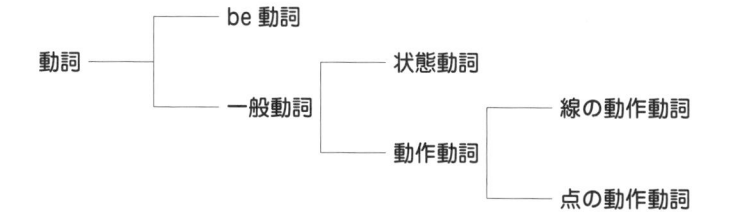

```
                    ┌── be動詞
動詞 ──┤                      ┌── 状態動詞
            └── 一般動詞 ──┤              ┌── 線の動作動詞
                                    └── 動作動詞 ──┤
                                                          └── 点の動作動詞
```

**4 S/V/O/Cの中で「ボス」と言えるのはどれですか。それはなぜですか。**

（解答）　Vが「ボス」。理由は、(1) 動詞は、動詞以後の文の形がどうなるかを決めてしまうので。(2) 文中のすべての意味のかたまりは、動詞（述語）にかかっていくので。

**5 英語のキャラクターって、どんなものですか。**

（解答）　昔の江戸っ子のように、核心となることからどんどん述べていく、率直で気短なキャラクター。

ここでちょっとブレイク

## 英語のやさしいことば

(Being) simple is (the) best.
「シンプルこそ最善」

この複雑な時代

生き方も、考え方も、生活様式も
すべてをシンプルにしてみませんか

感覚 **2**

# 動詞の時制に関する感覚

## この単元のねらい

　私が教えていた予備校でもそうだったのですが、様々な**時制（動詞の形）**と日本語を「1対1」の対応で覚えてしまっている人が少なくないように思えます。たとえば、「Vしている」だったら「進行形」、「進行形」だったら「Vしている」のように。皆さんはいかがですか。

　でも、たとえば「**Vしている**」という表現についてだけ見ても、「**もう**Vしている」のか、「**今**Vしている」のか、「**ふだん**Vしている」かで、当然、動詞の形はそれぞれにちがったものになってくるはずです（1番目は現在完了形、2番目は現在進行形、3番目は現在形となります）。

　それで、この単元を通して、「日本語の言い回しがこうだから動詞の形はこれのはず」といった**日本語中心主義の発想**を、まず**捨て去ってほしい**と思っています。

　そしてその上で、**様々な動詞の形がネイティブのどんな感覚や意識を表しているかに、ぜひ注目してほしい**とも願っています。

　そうするならきっと、日本語の言い回しに振り回されることなく英語の動詞の形を正しく選んだり、英文を読むときにも動詞の意味をより正しくつかんだりすることができるようになるでしょう。

動詞の「時制」は、比較表現や仮定法表現などとはちがって、英文の中に頻繁に登場してくるものなので、これは**本当に大切な単元**といえます。それなのに多くの人にとって、正しい動詞の形を選ぶことさえ難しく感じるのは、先ほども述べたように、「Vしている」なら「進行形」という日本語中心主義の「1対1」対応の発想が関係しているにちがいありません。

**ですから、この単元はきっと皆さんの役に立つはずです！**
　そしてこの単元を終えるときには、きっと新たな捉え方、それも、**ネイティブの感覚に根ざした本質的な捉え方**が皆さんの中に少しずつふくらんできているのを 感じられることでしょう。

　では、まずは苦手意識を捨て、楽しさと興味をいだきながら1つ1つの「動詞の形」たちをじっくりと見つめ、ぜひ親しくなっていただけたらと思います。
　そしてその特徴を見分け、最後には**皆さんの感性で**、一人ひとりの「友だち」に対して、それぞれにかなった**ぴったりのニックネームを**付けていただけたらと思っています。

　それではさっそく、「時制」の単元をスタートすることにしましょう！

## PART 1

### 1 時制ってどんなこと?

**時制**というと、多くの方は「時」のことと考えますが、皆さんはいかがですか。たとえば「現在時制」というと、「それは、その動詞が現在のことを述べていることなんだ」というぐあいに。でも、実はちょっとちがうのです。

**では「時制」とは、いったい何を指しているのでしょうか。**

結論から言うと、**時制とは動詞の形（form）のこと** です！
つまり、**動詞のか・た・ち** を指しているのです！
ですから、たとえば「**過去時制**」と言われたら、どうぞいつも**Ved** という**か・た・ち**を思い浮かべてください。そのようにして、まず「時制」＝時という、誤った印象を頭の中から追い払ってくださいね。
（**注意！** 混乱を避けるために、この単元では「現在時制」や「過去時制」ということばの代わりに、「現在形」や「過去形」ということばを使います）

ではさっそく、動詞の時制について1つずつ見ていきましょう！
まずトップバッターは「現在形」です。

## 2 現在形でネイティブが伝えるのはどんなこと?

「**現在形**」っていうと、皆さんはどんなイメージを持っていますか。

「イメージなんて考えたこともない」と、多くの方は言うでしょう。でも、「現在形」にもキャラクターやイメージがあるのです。**それはいったい、どんなもの**だと思いますか。

その**キャラクター**とは、「**ちょっとやそっとでは動かない意志の強い不動の人**」という感じでしょうか。そして、それが持つイメージは、

「**固定**」とか「**定まっている**」というイメージ です。

現在形の例を挙げてみます。
「地球は太陽の周りを回っている」

(The earth *moves* around the sun.)
「私は、(ふだん)6時頃に起きています」(I *get up* around six.)
「私は彼女を愛しています」(I *love* her.)(愛の対象や気持ちが、日替わりメニューのように変わっては困りますが…)

これらはよく、「**永久不変の真理**」とか、「**現在の習慣的動作**」とか、「**現在の状態**」などと言われるものですが、どれを取ってみても、現在形が持つ「固定」や「定まっている」という感覚や意識を実によく伝えているのではないでしょうか。

このように**現在形**は、現在を中心として、しばらく前やしばらくあとも含む、そして場合によっては定めようもないほどの長い時を含むような、**時間的な幅を持つ表現**なのです。
　そして「**現在形**」とは、「**今の一時的なことではなく、永続的なことや普遍的なこと：「いつものこと」「ふだんのこと」を伝える表現**　なのです。


♯前のページで、「現在の状態」を表す動詞として love（愛している）の例がありましたが、それと同様に、人の内面で今「定まった」ものとなっている好悪・願望などの感情や認知などを表す「内面系の状態動詞」は、**現在形で、今いだいている感情や認知状態を表せる**ことも、ぜひ覚えておきましょう。
例を挙げると、主な「好悪・願望系動詞」としては、like（好んでいる）、hate（きらっている）、want（欲している）、hope（望んでいる）など。そして「認知系動詞」としては、think（思っている）、believe（信じている）、know（知っている）、understand（理解している）、remember（覚えている）、forget（忘れている）や、see（見える）、look（見える）、seem（思える）、hear（聞こえる）、sound（聞こえる）、feel（感じがする）、taste（味がする）、smell（においがする）などがあります。

次に、「現在形」の**別の用法**について述べます。

1つ目に、「**固定**」のイメージを強く持つ「**現在形**」は、ムービーとはちがう、カメラの写真のように、**「固定化されている」様々な状況を、段階を追って描写**していく仕方で使うことができます。

野球の**実況中継**や、手品や料理の**実演場面**などを思い浮かべてください。第1場面ではこうでした、次にこうなりました、そしてさらにこうなって…と、「現在形」によって**1つ1つの場面を写真を撮るかのように固定化させて**、まるでコマ送りの写真のように展開を表現し、聞き手に効果的に印象づけることができるのです。

〈参考〉物語などでも、**場面展開を示す**のに、過去形ではなく、現在形が用いられることがよくあります。

2つ目に、これと似た用法として、I *promise!*（約束するよ！）とか、I *agree!*（同意するわ！）のように、**気持ちや心がある形となって、その場で「固まる」ような感覚を伝える用法**もあります。その瞬間に、まるでカシャ！とシャッターが押されるかのように。

そして3つ目の使い方として、たとえ**未来のことであっても、個人の意志によっては変わりえない、公に／集団的に「固定化」されている事柄について述べる用法**があります。たとえば「今年のクリスマスは木曜日に当たります」とか、交通機関の時刻や映画の上映時間などについて述べるときに、現在形を用い

るという用例を挙げることができます。
　**でもなぜ、未来の状況のことなのに will を使わないのでしょうか。**

　その答えのカギは、will が伝えることと関係があります。will は、どんなことを聞き手に伝えることばだと思いますか。
　それは「未来のことです！」と、ある人は答えるかもしれません。でも、実はそうではありません。そうではなく、**will が伝えるのは「話し手のその場で固めた意志」や「話し手の確信にみちた予測」なのです！**

　では、その視点に立って、もう一度考えてみてください。「今年のクリスマスは木曜日に当たります」という事柄は、［きっと〜だろう］という「**予測**」の世界に属することでしょうか。それとも定まりごととして動かせない「**固定化**」されたことでしょうか。
　答えは明らかですね。だれがどんなにがんばっても、「木曜日に当たる」というのは、「**お定まりごと**」で変わることはありません。だから、**現在形**を用いるわけです。


　次に、このことと似た例として、TOEIC 試験でもほかの試験でも**超頻出**の、**「時や条件を表す副詞節の中では、未来のことも現在形で表す」**という問題を取り上げてみたいと思います。

たとえば、「彼女がここに来たら、この手紙を渡してくださいね」：If / When she *comes* here, please hand her this letter. という英文では、「来る」のは未来のことなのに、「現在形」の comes が用いられています（実は昔は原形が用いられていたのですが）。

**ではなぜ現代において、「現在形」が違和感なく広く用いられているのでしょうか。**

　それは、現在形を使うことによって、「彼女がここに来ることが**「お定まりごと：事実」となったならば**」という意識が根底にあるからにちがいありません。

　同様に、**「あす雨が降ったら、ぼくはそこには絶対に行かないよ」**という文も英語に直すと、If it *rains* tomorrow, I won't go there. と「現在形」を使って表します。

　くり返しになりますが、tomorrow があっても、will の意味は「未来」ではありませんので、自動的に will が必要だとはどうか考えないでください。このケースでも、やはり先ほどと同様に、**「あした雨が降ることが事実となったら、ぼくは行かない」**ということで（事実前提表現なので）、**「お定まりの事実」**を伝える**「現在形」**を用いることになるのです。

　では、これをもし、If it *will rain* tomorrow, としたら、どんな意味を伝えることになるのでしょうか。

　先ほど考えたように、will は、「話し手の**意志**」や「話し手の確信にみちた**予測**」を伝えることばですので、**「あした雨が降りそうなら、ぼくは行かないよ」という意味になってしまうこと**がわかります（雨降りには「意志」は関係しませんので、この

will は「予測」と考えます)。

　それで、先ほど挙げた**「時や条件を表す副詞節の中では、未来のことも現在形で表す」という一文は**、絶対的なルールのように考えるのではなく、**あくまでも「事実前提表現」のときにのみ当てはまる**ものとして受けとめる必要があるということなのです。
　言い換えると、If 節や when 節などの中に、will の伝えるニュアンスである「予測」や「意志」の意味が込められていないときだけに当てはまるものと言えるのです。

　実例を考えてみましょう!
1. If I'*m* late, I'll call you.
2. If I'*ll be* late, I'll call you.

　これはどちらも正しい文ですが、伝える意味合いが少しちがっています。
　1. の方は、「お定まり」の「現在形」を使っているので、「もし遅れることがお定まりの事実となったら（つまり、約束していた時間が過ぎてしまったら）、電話するからね」と言っていることになります。
　一方、2. の方はというと、「予測」の will を使っているので、「もしも遅れそうなら、（事前に）電話するからね」と言っていることになります。あなたなら、どちらのセリフを語る人を好きになれそうでしょうか。

ちなみに、I don't know when she *will leave*.（私はいつ彼女が出発するのか知らない）のように、when 節や if 節が名詞節の場合には will を入れると、よくいわれますが、これは「あることが事実となったら」という、「**事実前提表現**」ではないので、「出発するであろう時を知らない」ということで、**will を含めるのが自然**だということがわかります。でも、こうした表現においても、「彼女が出発する」のが 全く確実な状況であれば、現在形を用いても何の不自然さもないと考えるネイティブも大勢いるということも、付け加えておきたいと思います。

これまでのところを振り返ってみるときに、**1つの大切な点を学べます。**

それは、**文法上のルールのようなものは、ただ丸暗記するだけでなく、なぜそうなるのかをネイティブの感覚や意識に添って理解することが何よりも重要である** ということです。

では、これからもぜひ、「**なぜ？**」と「**納得！**」を、求めるようにしていきましょう！


さて、これまでのところで、「現在形」に関する感覚や意識、その用い方について、いろいろなことをいっしょに考えてきました。

ふり返ってみると、**「現在形」の中心イメージは様々な用法の中でも決してブレることはなかった**のではありませんか。

では **現在形の中心イメージ** とは、どんなものだったでしょうか。

それは、**「お定まりのこと／固定」というイメージです！**

それでこのセクションの結びに、私の個人的な一案として、「現在形」には **「お定まり形」というニックネーム** を付けたいと考えています。

皆さんもきっと、「現在形」に対してそれぞれ自分なりのイメージを持ったにちがいありません。（「現在形」を「昭和の頑固おやじ」と表現した子もいます）　それでどうぞ、今持っているその**感覚**を大切にしながら、この先たくさんの「現在形」に触れ、見つめ、それを確認しながら、ネイティブ感覚をぜひ自分のものにしていってくださいね。

それでは、次は過去形について、いっしょに考えてみることにしましょう！

## 3 過去形でネイティブが伝えるのはどんなこと?

過去形のキャラクターやイメージは、どんなものでしょうか。

キャラクターとしては、これはあくまでも私の主観なのですが、「ほかの人からはいつも距離を置いて生きている、クールな感じの人」という印象を受けます。

そして「過去形」のイメージをひとことで表すとすれば、「へだたり」「距離感」でしょうか。そしてこの「へだたり」という感覚や意識こそが、ネイティブが「過去形」を通して伝えたいと思っていることと言えるでしょう!

では、ネイティブがこの「へだたり」感をかかえる「過去形」を、どのように様々な仕方で用いているのか、これから4つの用法に注目してみることにしましょう。

**その1.** I *broke* my leg two months ago.
  (私は2か月前に足を骨折した)

ここでの「過去形」は、

**現在とは無関係で隔絶されている過去の事実を、客観的に伝える用法です。**

この過去の文からは、今がどうなのかは全く伝わってきませんし、そのことに関心もありません。**この文が伝えているのは、**

単に「2か月まえに足の骨を折った」という **客観的な事実だけ** なのです。もしこれが、現状に注目して、今も折れている状況であることを伝えたいなら（これはあとでも学びますが）、I have broken my leg.（字義的には、「私には、足を折ってしまった状態が今ある」）という、**現状を伝える「現在完了形」**を用いるのが適切といえるでしょう。

**その2.**　It *may* be true.　**比較**　It *might* be true.

ここでの「過去形」は、**話し手の判断を示す助動詞が過去形になっているケース**です。

　左側の may の場合と比較すると、may の方が50パーセントくらい真実だと思っているのに対し、右の **might** を用いた表現は「（それは）もしかすると／ひょっとすると真実かもしれない」と、確かさが少しトーンダウンしていることがわかります。
　そうです、ここでの「過去形」は、**確かさの判断からへだたりを置き、話し手の「控えめな判断」を示している** ことがわかります。

**その3.**
**比較**
*Will*［*Can*］you open the window?
（窓をあけてもらえますか）
*Would*［*Could*］you open the window?
（窓をあけていただけますか）

**比較**
I *wonder* if you *can* help me.
（私を助けてくれるかしら）
I *wondered* if you *could* help me.

（私を助けてくれるかしら、と思っていたんですよ）

　ここでの「過去形」は、**依頼のニュアンスを伝える表現**に関連して、それを過去形に変えることにより、いわば **相手に対してへだたりを置き**、それによって**「丁寧さやあらたまった敬意」を示している** ケースです。

　下の方の比較例では、「今望んでいる」というよりも、過去形を使って過去のあるときに「望んでいた」と述べることにより、相手に対しての迫る圧力を柔らげ、丁寧さが表されていることが感じ取れます。

**その4.**　If I *knew* her number, I would call her.
　　　　（番号を知っていたら、彼女に電話をするのに）
　ここでの「過去形」は、**事実に反することを仮に想定する「反実仮想の仮定法表現」**において、用いられている用法です。

　今の現実は、彼女の電話番号を知らない状況なのですが、その**現実に対して、へだたりを表す過去形を用いることによって、**ここで述べている「彼女の番号を知っている」という状況は、実際には **現実とはかけ離れている事柄であること（反実のことであるということ）を、相手に伝えている** わけです
（詳しくは、感覚5（p.172）をごらんください）。


　いかがでしたか。4つの例に注目しましたが、やはり**「過去形」が持っている 中心的なイメージは、どれをとっても 少しも変**

**わらない**ものだったのではないでしょうか。

その感覚とは、そうです、**「へだたり」感覚**です！

その「へだたり」感覚が、**「現在」**とのへだたりにおいては**「過去」**を伝え、**「確かさの判断」**とのへだたりにおいては**「話し手の控えめな判断」**を表し、そして**「相手」**とのへだたりにおいては**「丁寧さ」**を伝え、さらに、**「現実」**とのへだたりでは、**仮定法表現における「反実」**を伝えていたのです。

それで、このセクションの結びに、私の全くの独断と偏見にもとづいての命名なのですが、「過去形」には一案として、**「へだたり形」というニックネーム**を付けたいと思います。

皆さんも自分のイメージでニックネームを付けて、「いつも距離を置いて生きている」過去形のことを、どうぞかわいがってあげてくださいね！

さあ、次は**進行形**です！ 「彼」は、意外に多様な面を持っているおもしろい存在です。では、これからともに進行形について考えていきましょう！

# 4 進行形でネイティブが伝えるのはどんなこと?

以前に、動詞の分類について話したときに (p.19 表②参照)、動詞はまず **be 動詞**と**一般動詞**に分かれ、次に一般動詞は**状態動詞**と**動作動詞**に分かれ、さらに動作動詞は**線の動作動詞**と**点の動作動詞**に分かれると言いました。これから、それぞれの動詞の進行形の文と訳を示しますので、**ネイティブが「進行形」という表現で伝えようとしていることはどんなことなのか、考えてもらえたら**と思います。

1. 〈線の動作動詞〉He *is studying* English in his room.
   (彼は自分の部屋で英語を勉強しているところだ)
2. 〈点の動作動詞〉He *is dying*. (彼は死にかけている)
3. 〈be 動詞 (be 動詞は状態動詞でもある)〉一般的には「進行形」を作らない
4. 〈一般動詞の状態動詞〉一般的には「進行形」を作らない

いかがでしょうか。「**進行形**」でネイティブが伝えたいことを、もし「V している」という訳で置き換えたとすると、1. ではよくても、2. では通用しなくなってしまいます。

う～ん…であるとしたら、ネイティブが「進行形」で伝えようとしていることはいったい何なのだろう？ こんなふうに、英語を学んでいる一人の若者が 今考えています (では、その後の若者の様子を いっしょに追ってみることにしましょう)。

考えていると、あることを思い出しました。それは、基本的に過去分詞が「完了」した状態を表すのに対して、現在分詞は「未完了」の状態を表すということです。
　だとしたら、**「進行形」で伝えたいのは<u>未完了の状態</u>**なのではないでしょうか。

　すると、追いかけるように、いくつかのことが頭に浮かんできました。
　たとえば、**fallen** leaves が、もう落ちることが完了した「(地面にある)落ち葉」を表すのに対して、**falling** leaves の方は、まだ落ちることが完了していない「(宙を舞っている)落ち葉」を表しているということです。さらに **developed** nations が、発展が完了した「先進国」を表すのに対して、**developing** nations の方は、まだ発展が未完了の「発展途上国」を表していることなども思い出します。

　そうか、ここで伝えたいのは<u>未完了の状態</u>なんだ！
　しかし、発見を喜びながらも若者はあることにふと気づきます。
　1.と2.の文をよく見てみると、確かにどちらも<u>完了してない状態</u>を表してはいるものの、1.は、<u>勉強をまだし終えていない</u>ということを強調しているわけではないし、2.も、<u>まだ死んではいない</u>ということを強調しているわけではないのです。ただ未完了であるというだけでは何かが足りません。そう！　<u>動きや臨場感</u>が決定的に<u>欠けている</u>のです。

　だとするなら…ウ〜ン(と若者は考えます)…(そして)そ

うか！ とひらめきます。

「発展途上国」の**「途上」というイメージならどうだろう！**「未完了」とは違い、動きが感じられます。「うん、これならいいかもしれない」、そして1. と2. の文を見ます。

「なるほど。さっきよりはいいな」と感じます。

でも、「途上」ということばは確かに「未完了」に加えて、「動き」も多少感じられてましな気はするのですが、どうもいまひとつインパクトが足りないように思えます。

それから目を移して、3. と4. を見てみます。どちらも基本的に「進行形を作らない」ものです。どうしてなのでしょうか。そうなのです。**3. も4. も、動きのない動詞（どちらも状態動詞）なので、進行形を作れない**のです。

そんなふうにいろいろと推理を働かせていた若者は、あることに気づきます。

**ネイティブが進行形を用いるとき には、「変化」や「動き」という要素がかなり大きい** のではないかということです。

そして、ふたたび1. と2. の文を見ます。確かに、どちらの英文にも、「途上」であるだけでなく、**刻々とした「動きや変化」、してまるでその場にいるかのような「臨場感」が感じられます。**「よしっ！ じゃあ、まだ途上で、変化している状態を伝える形というのでどうだろう」。そう結論し、英文に目をやります。今度はイメージにしっくり合います。それで、「進行形」に、とりあえず**「変化・途上形」**というニックネームを付けることに決定します。

そしてその目線で、ふたたび2. の、He is dying. を見ると、今度はいろいろな訳が浮かんできます。「彼は死にかけている」に加え、

「変化・途上」のイメージをふくらませて、「彼は死につつある」とか、「瀕死の状態だ」とか、「死にそうな状況だ」などなど。

　いかがでしたか。時制に関して、どのようにネイティブ感覚をたぐり寄せていったらよいのかを、一人の若者のたとえを挙げて考えてみました。**日本語訳で安易にその感覚を置き換えようとすることの難しさ、限界**なども、ぼんやりではあっても実感することができたのではないでしょうか。

　加えて、**本質的に何を伝える表現なのかをつきつめていくと、あるいは、その表現の根本的・中心的なイメージがどんなものなのかが自分なりにわかってくると、日本語訳を介さずに、ダイレクトに意味や感覚をつかみやすい**ことも実感できたのではないでしょうか。

　では、「変化・途上形」という感覚をベースにして、今度は<u>**「進行形」のさらに広げられた用い方**</u>に目を向けてみましょう！

　**1番目の発展的な用法**は、**個人的レベルですでに計画され、確実に果たされるはずの予定を伝える**というものです。
　次の例をご覧ください。
　A: What *are* you *doing* on Sunday afternoon?
　　（日曜の午後には何をすることになっているんだい？）
　B: I'*m going* to the concert.

（コンサートに行くことになっているんだ）

　今回の進行形の **特徴は** 何でしょうか。それは、**未来の時を表すことばとともに用いられている** ということです。これは日常の会話などで頻繁に見られる使い方です。
　上の例の Sunday afternoon のように、明確に未来を表すことばがあったり、文脈から未来のことを述べていることが明らかだったりするときの「進行形」は、「（未来の）〜には V していますよ」と、その映像を思い描きながらはっきりと断言できる状態、つまり個人の予定やスケジュールが確実なものとなっていることを、わくわく感や期待などの感情とともに相手に伝える表現となっています。

　注意してほしい点は、**公に固く定まっている未来**のことを伝える**「現在形」**とちがって、今回の**「進行形」**の用法は、あくまでも**「個人」**の予定やスケジュールに限定してのものであるということです。

　そしてそれは、すでに心づもりができていることを伝える be going to V よりも、もっと計画の詳細な面の準備や段取りまでがきちんと整えられている印象を伝えるという点で、予定の確実性がより高い表現とも言えるでしょう。
　あえて両者のちがいを日本語で言い分けるなら、be going to V は、「V するつもりだ」くらいの感覚で、心づもりはすでにできていることを伝えますが、一方 be Ving の方はというと、「**V することになっている**」とか「**V する予定だ**」というくらい

の感覚で、**心づもりはもちろんのこと、準備もバッチリ整っていることを伝える** ものとなるのです。


では次に、これと類似した、**発展的な2番目の用法** について考えてみましょう！
　それは **always などを伴い、「いつも V ばかりしている」という感覚を伝える** ものです。

　1番目のケースと同じように、今回の進行形の用法も、それが描いているのは「話している瞬間」のことではありません。しかし、やはり話し手の思いの中では何かを行っている映像を生き生きと描きながらその様を語っているという点では、とても似た使い方と言えるかもしれません。

　次の例を ごらんください！
　She *is always complaining* about something.
　（彼女は**いつも**文句**ばかり言っている**）


　この **be always[constantly / continually etc] Ving** は、よく、**「非難やいらだち」などの気持ちが込められている** 表現と言われます。これは、なぜなのでしょうか。
　それは、「いつも・たえず」などの単語と、場面をその場にいるかのような**臨場感**をもって生き生きと描き出す**「進行形」**とが結びついたために、be always[constantly etc.] Ving という表現は、ある人が V している場面が次から次へと生き生きと話し手の頭の

中に思い浮かんでいる状況を伝えているために、感情的な表現と受けとめられがちだからなのです。

　それはちょうど、私たちも相手に強いいらだちや怒りなどを感じているときには、「おまえはいつも〜しているじゃないか！」と、(本当はいつもではないのに) そうした場面ばかりが思い出されて文句を言うのによく似ています。

　人間の心理や心の動きは、万国共通であることがよくわかりますね。


　では、 **次は 発展的な3番目の用法** です。
　今回の「進行形」が伝える感覚は、**「変化しつつ移ろいゆくひとときの状態を伝える」**というものです。言い換えるとこれは、**「最近の、一時的な変化や動向について伝える用法」**ともいえます。


　この用法は、まるでその場にいて進行中の状況を見て描写しているような前述の（1番目や2番目に出てきた）用法とはちがうもので、**状態の「一時性」が前面に出て強調される使い方** です。
　そして、この一時性を強調する用法においては、躍動感や臨場感はうすくなっているので、**状態動詞であったとしても、「進行形」にすることができます。**

　そしてもう1つ注目できるポイントがあります。
　今を含む today、tonight、this week、these days、nowadays などの単語が含まれるときには、進行形の文の中で「今（話をし

ているその一瞬)」よりも多少長い時間的感覚のことが述べられています。そしてその時間的な範囲の中で、**以前とはちがう新たな動向や変化を感じながら、そのひとときの状態を、「進行形」によって伝えている**のです。

　この感覚は、これから挙げるすべての用法の根底にあるものなので、どうかその**「ひととき感覚」**を、逃さずに味わってほしいと思います。

　では、実例をいくつか挙げてみましょう！　（　）内は現在形で表現したものです。どうぞ比較しながら、ニュアンスのちがいを考えてみてください。

1. You*'re being* so kind to me.（You *are* so kind to me.）
2. The children **are** *loving*（*状態動詞*）having her stay with us.（The children *love* having her stay with us.）
3. You*'re working* hard *today*. / Yes, I have a lot to do.
4. She *is resembling*（*状態動詞*）her mother more and more *these days*.
5. I*'m beginning* to realize how difficult it is to be a teacher.

どうだったでしょうか。**以前とはちがう変化や新たな動向を、「今」あるいは「最近」感じている**という感覚が実感できましたか。

　1.と2.は、（　）の中は現在形で、変わることのない「いつものこと」を述べていますが、1.は、「あなたは、（これまでとはちがって）**今（または最近）**、やけに私に親切に**ふるまう**のね（一

時的に）」という感覚を伝え、2. も同様に、「子どもたちは、**今**（彼女が今いっしょにいる状況ゆえ）家族といっしょに彼女がいることを、**大いに楽しんでいる**」ということを伝えています（マクドナルドの宣伝にのせられている、I'm loving it! とちょうど同じ感覚が、ここでは示されています）。

通常では「愛している／大好きである」の love は、状態動詞のため進行形にはしないのですが、ここでは今だけのその状況を、つまり、彼女がいるというつかの間の変わりゆくその状況を、**今一時的に**「大いに楽しんでいる」、行為として、愛しんでいることを示すため、進行形が用いられているのです。

1.、2. のどちらも、**「変化しつつ移ろいゆくひとときの状態」を進行形が表している**ことがわかっていただけたと思います。

今度は、3.〜5. に目を向けてみましょう！　これらの文も、どれもこれまでの状況からの変化を感じつつ、**一時的なこととして**「**きょうは**ずいぶん一生懸命働いているね」とか、「**近頃**ますますお母さんに似てきているね」とか、「（これまでとちがって）**（最近）**先生になるというのは大変なことだ、とわかるようになってきたよ」という感覚を伝えていることが読み取れると思います。

**現在形**では、普遍的な、**「変わらぬいつものお定まりごと」**を伝えてしまうために、こうしたことを伝える場面にはどうしても合いません。それで、**進行形**を用いることによって、**今あるいは最近の一時的な変化や新たな動向を表現**し、それを相手に伝えているのです。

ここまでのところで、**進行形**についてあれこれと考えてきました。

　冒頭でも述べたように、進行形はただ単に「Vしている」という「最中」の状態を述べているだけの表現ではないことを十分につかむことができたでしょうか。

　むしろ、「**変化・途上**」の「**一時的な状態**」を表すことを基本として、多様な使い方があることがわかっていただけたと思います。

　それでこのセクションの結びに、いつものように独断と偏見にもとづいて、進行形には、**「変化・途上・ひととき形」というニックネーム** を付けたいと思います。

　このセクションでは、**「過去進行形」** は考えませんでしたが、現在進行形と比較して、その基準点が「**今**」ではなく「**過去**」の**ある特定の一時点に変わっているだけで、「変化・途上・ひととき」の状態を伝える**という点では全く変わりはないので、どうぞ同じ感覚で捉えてください。

　試験などでは、**進行形を作れない動詞** がよく取り上げられます。進行形が「変化・途上」の、生き生きと移り変わってゆく「ひとときの状態」を、臨場感や躍動感をもって伝える表現であることを考えると、①**「変化」や「動き」のない** know（知っている）などの**「状態動詞」**や、② **自分の意志によって自在に始**

めたり終えたりすることのできない、see（目にする／見える）、hear（耳にする／聞こえる）、like（好んでいる）などの**「知覚・心理系動詞」**（これらは「躍動感」あるいは「一時性」をもともと持ち合わせていない）は、一般に進行形にはしないのです。

一方、同じ「知覚動詞」でも、look や watch や listen など、意志を働かせて自在に始めたり終えたりできる動詞は進行形にもちろんできます。

1つ1つの動詞を列挙して覚えることには無理がありますし、逆に柔軟性を欠いてまちがえてしまうことにもつながりかねないので、むしろ**その表現が伝える本質や、その表現が根底に持っている感覚やイメージを大切にして、**反射的に「これはなんだかおかしいよね」「ちがうよね」と**感じるようになってほしい**と思います。なんといっても、言語は反射が求められる体育系の学問なのですから。

最後に1つ！　皆さんの中には、「進行形には、様々な用法があって、どう訳したらいいかわからない」と不安を感じる方がおられますか。そんなときはとりあえず、少し不自然であっても**「V しつつある」と訳す**のも一手だと思います。

　I'm study*ing*.（ぼくは勉強しつつあるんだ ⇒ 勉強しているところなんだ）〈線の動作動詞〉
　I'm leav*ing*.（ぼくは出かけつつあるんだ ⇒ 出かけるところなんだ）〈点の動作動詞〉
　I'm com*ing*.（ぼくはそちらに行きつつあるんだ ⇒ 今いくか

ら）〈やはり点の動作動詞〉

　このように、とりあえず「変化・途上」をはっきりと伝えている「**V しつつある**」という訳を当てるなら、「V している」というあいまいな訳とはちがって、意味を取りちがえたり混乱してしまったりすることはありません。伝えたいことも、だいたいわかるのではないでしょうか。

　この「**V しつつある**」を基本にして、**be＋Ving** に未来を表す表現が付いていたら「**V することになっている**」とし、また、**always** などが付いていれば「**いつも〜ばかりしている**」と訳せばいいと思います。

　これらすべてで、90パーセント以上はカバーできますが、あとのパターンについては「**ひととき**」の状態を強調している使い方なんだな と考えて、受けとめていけばよいでしょう。

　「進行形」についてあれこれと考えてきましたが、これから「彼」とどんなふうに付き合っていけばよいのでしょうか。

　**進行形が持っている3つの要素**である「**変化・途上・ひととき**」という「メガネ」をかけながら、興味を持って様々な進行形の文を見つめていけば、きっとうまくやっていけるでしょう。

　そしてしばらくすれば、きっと理屈を超えて、「彼」のことが**感覚としてよくわかる**ようになってくると思いますよ。

> ここでちょっとブレイク

## 英語のやさしいことば

**It is no use crying over spilt milk.**
「こぼれたミルクをくよくよ嘆いても無駄である（何の役にも立たない）」

つらい失敗を、
嘆くための「種」にするか
進歩のための「種」にするかは

私たちしだいなのかもしれませんね

# PART 2

## 5 完了形でネイティブが伝えるのはどんなこと？

さて、次は、いよいよ**完了形**の登場です。

私は完了形には、「**振り返って・ホット！・現状形**」とニックネームを付けています。

**なぜなのでしょうか。**

私がそう感じている理由を、これから皆さんにお話ししたいと思います。

「**現在完了形**」ということばを聞くと、中学や高校時代に習った4つの用法のことを思い出す方も多いと思います。それは、**1.「完了」用法、2.「結果」用法、3.「経験」用法、4.「継続」用法**というもので、例を挙げると次のようになります。

1. I *have had* lunch.
   （私は昼食を食べてしまった／もう食べている）
2. I *have broken* my leg.
   （私は足を折ってしまった（今も折れた状態だ））
3. I *have climbed* Mt. Fuji three times.
   （私はこれまでに3回、富士山に登ったことがある）
4. I *have had* a cold for two weeks.
   （私は2週間、風邪をひいている）

それにしても、一見いろいろに訳せそうに思えるこの have Vpp という表現の本質、つまり**ネイティブが伝えようとしているのは、いったいどんなこと**なのでしょうか。いくつかの面から少し分析してみることにしましょう！


**（その1）現在完了形は、いつに焦点を合わせた表現ですか。**

　皆さんは、どう思いますか。
　have のあとにくっついている Vpp（過去分詞）が「**（すでに）完了した状態**」を表すため、この have Vpp という表現は、「いったいいつのことを言っているのか」と思う人は意外にたくさんいます。
　結論から言うと、**現在に焦点**を合わせた表現です。
　**もっと正確には 現状に焦点を合わせた表現** と言えるでしょう。なぜなら、have の感覚が、この have Vpp という表現の基盤となっているからです。have という動詞には、「今持っている／今手にしている／今ある」という意味がありますが、これは現在の状態を基本的に伝えている表現です。ですから、have Vpp も現状を伝えているといえるのです。

　そうすると、have Vpp 全体の意味合いとしては、**S have Vpp** で、「**S は、V した／してしまった状態を今持っている／今手にしている**」、あるいは、「**V した状態が今ある**」という感じになることがわかると思います。
　くり返しになりますが、**have Vpp は、「現状形」**（現在の状

態・状況がどのようなものかを伝える形）なのです！

　それで、先ほどの4つの用法の実例を、その目線でもう一度見てみることにしましょう。
1. I *have had* lunch.
   （現状はね、昼食を食べてしまった状態があるんだ）
2. I *have broken* my leg.
   （現状はね、足を折ってしまった状態があるんだ）
3. I *have climbed* Mt. Fuji three times.
   （現状はね、3回富士山に登ったという状態があるんだ）
4. I *have had* a cold for two weeks.
   （現状はね、2週間風邪をひいた状態があるんだ）

　こんなふうに、どれも「今ある」あるいは「今持っている／今手にしている」状態がどんなものなのか、つまり**現状がどんなものなのかを述べている**ことがよくわかるのではないでしょうか！

　このことがわかると、次の2つの、ネイティブが行わないことについても、合点がいくはずです。（超頻出！）それは、次の2つの点です。

## 1. 現在を含まない過去のある時点を示す表現とともに「現状形」の have Vpp を用いることはしない

## 2. 「いつ？：When … ?」とたずねる文において、「現状形」の have Vpp を用いることはしない

たとえば、1. からは、He has played tennis with her three days ago. は不自然だということがわかります。実際、「3日前に…今あります」というようなことは、どう考えてもおかしいわけです。「彼は3日前に彼女とテニスをしたことがあります」という日本語は自然に聞こえるかもしれません。しかしそれを英文に変えるときには、現在形の have Vpp ではなく、現在と断絶し現在と関係を持たない**「過去形」**に変える必要があるのです。でも「3日前に」ということば（現在とつながらない過去の一時点を示す表現）がそこになければ、もちろん have Vpp でいいのです。

2. も同じです。論理的に言って「いつ〜今ありますか」という質問はおかしいですよね。そんな質問をされたとしたら、「そりゃー、今でしょう！」としか答えようがないのです。
ですから仮に、**「いつ富士山に登ったことがあるのですか」**と相手にたずねたいなら、日本語の言い回しに引きずられることなく、When *did* you *climb* Mt. Fuji ? とたずねるのが正しいことがわかりますね。決して、When have you climbed Mt. Fuji ? とはしないでください。


### （その2）今の状態を表す have と、完了した状態を表す Vpp とを結びつけることによって、have Vpp が必ず持っている独特の感覚や視点はどんなものですか。

このようなことは、あまり考えたことがないかもしれません。でも1つの例を通していっしょに考えてみましょう。

次の2文が伝える意味のちがいを、話し手が今、1日の流れのどの時点にいるかということと考え合わせながら、比べてみてください。

　1. I *walked* along the beach this morning.
　2. I *have walked* along the beach this morning.

　どうでしょうか。一般的な訳としては、どちらも「今朝、私は浜辺を歩きました」となるかもしれません。でも両者にはちがいがいくつかあります。
　いったい、どこがちがうのでしょうか。
　話し手の気持ちのちがいはあとで述べるとして、話し手が今いる時点は、1.と2.とではどうちがっているのでしょうか。

　1.は、朝がもう過ぎてしまった時間になっています。現在とは切り離され、現在との結びつきのない過去の客観的な事実として、「今朝、歩いた」ことが、**「過去形」**から読み取れます。
　2.は、まだ依然として朝の時間帯であることがわかります。**過去の出来事（Vpp）を、現在（have）と強く結びつける「現在完了形」**は、**過去のある時点から現在までが断絶していない線でしっかりと結ばれているような感覚**があります。**同時に**、haveがリードしている表現なので、**現状に焦点が合っている感覚**を持ち合わせています。
　それで、その両方の感覚を足し合わせた、⇒今という、**これまでを振り返るような感覚や視点が、have Vpp 根底には必ず大なり小なりある**のです！
　ですから、今までを振り返る感覚の中でthis morningが用い

られている2.の文は、依然として朝の時間帯で語られたことがわかるのです。

I have climbed Mt. Fuji three times. と言った「人」が主語になっている文では、その人が生まれてから今までを振り返っていますし、「もの」が主語になっている文では、そのものが存在するようになってから今までを振り返っています。

一方、特定の表現が付くことによって、その範囲が限定されるケースも多く目にします。たとえば、先ほど登場した this morning とか、それ以外にも recently とか、さらにより頻繁に見かけるものとしては、since や for などを用いて、特定期間の「振り返り」であることが示されることもよくあります。

また、特に回数や期間などが明記されていない一般に**「完了用法」**と呼ばれるケースでは、「ここしばらく」の比較的に短期間を振り返っていることが多いのです。

次の例にどうぞ注目してください。ニュースキャスターが語っている場面です。

The police *have arrested* two men in connection with the murder.
（警察は、殺人事件に関与しているとして2人の男を逮捕しました）

このようにニュースなどの報道シーンでは、新たな最近の事件や出来事がよく **have Vpp** を用いて報道されます。しかしこうした報道も人々に知られ、時がしばらく経過すると、have Vpp で

表現することはなくなります。過去の時点を明示する表現とともにもっぱら「**過去形**」で表現される出来事へと変わってしまうのです。人々の思いの中では、もう現在との強い結びつき（have Vpp 感覚）がうすれて、現在とは切り離されたもの（「過去形」感覚）となってしまうからなのでしょう（当然のことですが、ニュースの切り出しで have Vpp を用いた報道も、そのあとに続く部分で出来事の詳細を過去の特定の時点を示す表現を用いて伝えていくときには、もちろん過去形を用いることになります）。

　いずれにしても、このような一般的な「**完了用法**」においては、「ここしばらく」を振り返ってのものと受けとめるとよいでしょう。


### （その3）「振り返り感覚」以外に、**have Vpp** が持つ、大切な感覚がほかにもありますか。

　あります！
　そしてそれは、「**今持っている／今手にしている**」という **have のかもし出す感覚**と言えるでしょう。それは、
　**まるで、かみしめているかのような話し手自身の「ホット」な気持ち、「ホット」な感覚** です！
　次の2つの英文をどうぞ比較してみてください。
　1. I *finished* my homework yesterday.
　2. I *have finished* my homework.

　1. は「**過去形**」を用いた文なので、「きのう宿題が**終わった**」

という過去の客観的な事実だけを伝える文となっているのに対し、
2. は、have Vpp を用いた文なので、「宿題が**終わった状態を今自分は持っている／手にしている**」という**達成感のような話し手自身のホットな気持ちが伝わってくる**ものになっています。そして、「**だから今は**自由だ！」とか「**だからこれから**、いっしょに出かけることができるよ！」という心の声まで聞こえてくるような感じがします。

次の例も、どうぞ比べてみてください。
1. I *climbed* Mt. Fuji three times.
2. I *have climbed* Mt. Fuji three times.

同様に、話し手の感覚や気持ちのちがいがつかめましたか。

1. は、決して文法的にまちがった文ではありません。回数について触れていると反射的に have Vpp の「経験用法」を思い出して、これはちがうと反応する人がいますが、実際に正しい文なのです。この文は、先ほどの「過去形」の文同様、いつとは述べていませんが、現在・現状とは無関係に、単に「3回富士山に**登りました**」という**過去の事実を伝えている文**に過ぎません。

2. は、それとは全くちがっていて、**現状を伝えるための文**となっています。この文を語る状況として、たとえば2か月後に2500メートルクラスの山に登ろうという計画があって、「おまえは大丈夫か。登れるかどうか心配なんだけど」と言われたあとに語った文と考えることができます。そう言われた彼は自分の現状に注意を向けて、「**おれには3回富士山に登ったという状態／**

経験があるんだぜ」と自分のホットな気持ちを込めて語ります。「だから2500メートル級の山の登山なんて、へっちゃらだよ」という声も、その英文からは聞こえてきます。

このように、**have Vpp には、have がかもし出す「かみしめ感覚」、話し手自身の「ホットな気持ち」が込められている**のです。
　**これは、見逃すことのできない大切な点です！**


　いかがでしたか。Have Vpp には、**①これまでを振り返って**、**②ホットな気持ちで**、**③現状を語る** という感覚や意識が底辺にあるということが、実感できたでしょうか。
　ですから時には、そのあとのセリフは言わなくても、「だから今は〜／だからこれから〜」という **「だからメッセージ」** さえも暗黙のうちに伝えてしまうことがあるのです。
　このセクションの紹介のところで、「現在完了形」のことを **「振り返って・ホット！・現状形」** と名づけた理由が、きっとわかっていただけたと思います。

　「現在完了形」に関しては、ほかにも言うべきことはありますが、細かいことや例外的なことに万全を期すよりも、表現の元にある大切な部分をいっしょに考えることができたら、それで十分だと思います。
　**「過去完了形」や「未来完了形」**については直接扱いません

でしたが、話し手の目線の基準点が、「現時点」から、「過去の特定の時点」や「未来の特定の時点」に変わり、**その時点までを振り返って**「完了や未完了」あるいは「経験や未経験」などを**ホットに語っていく**という点は全く同じです。ですから、その感覚を大切にして、今後も様々な完了形に接して、「完了形」の感覚を自分のものにしていってくださいね。

## 6 完了進行形でネイティブが伝えるのはどんなこと?

さて、次は「**完了進行形**」の番です。このセクションは簡単に扱いたいと思います。皆さんも、きっとすぐにつかんでくださることでしょう。

以前に、p.19表②：動詞の分類のところで、動詞は be 動詞も含めた「状態動詞」と、「動作動詞」に分けることができると話したことがありました。そして「進行形」のセクションのところでは、基本的に「状態動詞」は進行形を作らないことも説明しました。

それで、このセクションで扱う**「完了進行形」は、基本的には動作動詞に限定された用法**と受けとめてください。

ではどんなときに、この「完了進行形」は使われるのでしょうか。

どうぞ、次の場面を想像してみてください。

あなたは家で果たすべき課題に5時間ほどずっと取り組んできて、へとへと状態になっています。頭をかきむしりながら、やっとの思いで完成させました。ちょうどそこにあなたの友人がやって来て、こう言います。「ひどくしょぼしょぼした目をしてるじゃないか。おまけに髪の毛もくしゃくしゃだし。どうしてなんだい？」。あなたはそれに答えます。

1. I *have done* my homework.

2. I *have been doing* my homework ……
皆さんは、どちらの受け答えの方が自然に感じられますか？

1. は、完了形が用いられています。**回数や期間を表す表現を伴わない動作動詞の完了形は**、基本的に「完了」、つまり「**すんだ**」ということを強調します。理由を聞かれて、「宿題はもうすんだよ」というのは少しおかしな受け答えですね。

2. は、それに対して、**「行為の継続」を強調する表現** といえるのです。つい先ほどに終わっていても、まだ終わっていなくても、それは関係ありません。どちらのケースでも使える表現なのです。意味は「ずっと宿題をやっていたんだ」という感じになります。

くり返しますが、**have been Ving という「完了進行形」は、「ずっと V していた／ずっと V してきた」という、「行為の継続」を強調する表現** なのです。

ですから、先ほどの返答ではどれくらいの期間かはまだ述べてはいませんが、**「ずっと宿題をしていたんだ」**という2. の答え方が、理由をたずねている友人の質問に対して自然な答え方ですね。

このように、完了進行形は動作動詞に関連して、**have been Ving であれば、行為が今までずっと続いてきた**ことを伝え、また **had been Ving であれば、行為が過去のある特定の時までずっと続いてきた**のを伝えることがきっと理解できたと思います。

そして**動作動詞であれば、連続的に続いているケース**でも、**断続的に続いているケース**でも、ずっと続いている行為であ

**ることを伝えたいなら、この形が用いられます。**

　こうした理由から、この完了進行形には、私の一案で**「ずーっと継続形」というニックネーム**を付けたいと思います。

　最後に、断続と連続の例を1つずつ挙げておきましょう。
1. （断続的）We've **been discussing** the matter for several years.
   （私たちは数年間その件について話し合ってきた）
2. （連続的）How long **have** you **been waiting** for me ?
   （どれくらいの時間ずーっと私のことを待っていたのですか）

## 7 未来に関する様々な表現をネイティブはどう使い分けている?

これまでのセクションでも、未来に関するたくさんの表現が出てきました。ここでは**さらに2つの新たな表現**を紹介し、最後にそれらすべてをまとめて、ちがいをはっきりさせたいと思います。

はじめに紹介したい表現は、 be to V というものです。
参考書などでは、よく「予定」、「運命」（特に was / were to V という形で）、「義務」（you を主語にすることが多い）、「可能」（be to be Vpp という形が多い）などを表すと説明されています。たとえば「**予定**」という点では、ほかの「予定」を表す表現とこの be to V とは、感覚的にどのようにちがうのでしょうか。

どうぞ次の文を比較してみてください。
1. I *am meeting* him at 11.
   （私は11時に彼と会うことになっている）
2. I *am to meet* him at 11.
   （私は11時に彼と会うことになっている）

一般に当てられるこうした訳では、1. と2. の文のちがいが全くわかりません。
では、この2つの文は**どこがちがう**のでしょうか。

be to V について、特に注目できることは、

**話し手以外の他者によって固く定められているという感覚**です。

　そうです、ポイントは「他者によって」という点です。

　1.の文が、自分で計画や約束をして自分で段取りを整えた感覚を伝えるわくわく感覚の文であるのに対し　2.の文の方は**他者によって取り決められアレンジされた感覚を伝えている（フォーマルな）文**といえます。

　上に挙げた、ほかの「**運命**」「**義務**」「**可能**」という3つの be to Vの用法でも同様に、**話し手以外の他者**、たとえば、**権威者**や**神様**や**運命**、**社会的法則**や**経験則**などによって固く定められている感覚があります。英文を見るならば、そうした底辺にある感覚がきっとつかめることと思います。

　以下に例を挙げます。

You *are to* be back by 7.
（7時までに帰らなければならない）
　　〈権威を持つ者などによって定められている感覚：「義務」〉

He *was never to* return home again.
（彼は二度と家に戻って来ることはなかった）
　　〈運命や神様などによって定められている感覚：「運命」〉

Happiness *is not to* be bought with money.
（幸せは金では買うことができない）
　　〈社会的法則や経験則などによって定められている感覚：「可能」〉

　　（注意！　どの用法においても、**「Vすることになっている」**

ととりあえず訳してみても、意味は一応つかむことができるでしょう）

では、「未来」にかかわる もう1つの表現に移りましょう！
それは、 **will be Ving（未来進行形）** という表現です。
次の文をどうぞ比較してみてください。

1. I*'ll leave* for Paris tomorrow evening.
   （私はあすの晩にパリに向けて出発します）
2. I*'m going to* leave Paris tomorrow evening.
   （私はあすの晩にパリに向けて出発するつもりです）
3. I*'ll be leaving* Paris tomorrow evening.
   （私はあすの晩にパリに向けて出発しているでしょう）

1. は一般に主語が I のときには、意志を伴う動詞が will のあとに続くと、たいてい**その場で決められた「意志」**を表し、「V します／V しようと思います」というニュアンスを伝えています。そして、2. のように I のあとに **be going to V** が続くときは、多くの場合、**すでに持っている心づもり**を表します。

1人称以外の主語の場合は、（Will you ～ ? という表現以外では）たいてい will V は、**「予測」**を表します

では、3. はどうなのでしょうか。

この will be Ving という表現は、**主に、スケジュールやこれまでの成り行きなどから、未来のある時点では「V しているでしょう」というニュアンスを伝えます**。ですから、3. の文

の主語は、I(私)なのですが、「意志」のニオイは全く感じられず、スケジュールや成り行き上のことを述べていることが相手にはっきりと伝わるわけです。

　**「無意志」「成り行き」感覚** のこの表現も、ぜひ自分のものにしてくださいね。


　さて、これで未来にかかわる主な表現が出そろったので、ここでまとめてみることにしましょう！
　訳は示さないので、次の6つの文の感覚のちがいを自分でどうぞ考えてみてください。

1. I *stay* at Hotel A tomorrow.
2. I *will stay* at Hotel A tomorrow.
3. I *am going to stay* at Hotel A tomorrow.
4. I *am staying* at Hotel A tomorrow.
5. I *am to stay* at Hotel A tomorrow.
6. I *will be staying* at Hotel A tomorrow.

いかがでしたか。それぞれの文が伝えるニュアンスが、すぐに浮かびましたか。では、1つずつ文が伝える感覚を確認してみましょう。

1. 「お定まり形」の**現在形**は、未来のことに関連して用いられると、個人の意志によって動かせない、**公に、あるいは集団として固く定められている感覚**を伝えます。

「私はあすホテル A に泊まることになっている（団体として）」、という感じです。

2. **I will V**（普通、会話では I'll V という短縮形を用いる）は、**その場で「よしっ！」と心や意志を定める感覚**を伝えます。
「私はあすホテル A に泊まろう！／泊まります！」と、その場で決心した感じです。

3. **I am going to V**（普通、会話では I'm going to V という短縮形を用いる）は、**すでに心づもりができている感覚、あらかじめ意志が定められている感覚**を伝えます。
「私はあすホテル A に泊まるつもりです／泊まる予定です」といった感じです。

4. **進行形**は、未来のことに関連して用いられると、**約束や準備や段取りすべてが整っていて、確定していることを心待ちにしているような感覚**を伝えます。
「私はあすホテル A に泊まることになっているんですよ（うきうき）」といった感じです。

5. **be to V** は、**自分以外の他者によって取り決められアレンジされて、することになっているという感覚**を伝えます。
「私はあすホテル A に泊まることになっています（会社側で取り決めたことですが…）」といった感じです。

6. **未来進行形：will be Ving** は、**スケジュールやこれま**

**の成り行きなどから、ある時点においてはこうしているだろうという感覚**を伝えます。

「私はあすはホテルAに泊まっているでしょう／泊まることになるでしょう（スケジュールや成り行き上）」といった感じです。

いかがでしたか。未来に関する表現って、とてもたくさんありますね。でもきっと、それぞれの表現の主な感覚はつかむことができたのではないかと思います。ここで述べたような「感覚」を皆さんのベースにして、それぞれの表現を味わいながら、さらに使い方の幅を広げていっていただけたらと思っています。

# 重点チェック・即答10問

(リミット80秒)

### 1.「現在形」のニックネームは何でしたか。
(解答)「お定まり形」

### 2.「過去形」のニックネームは何でしたか。
(解答)「へだたり形」

### 3.「進行形」のニックネームは何でしたか。
(解答)「変化・途上・ひととき形」

### 4.「完了形」のニックネームは何でしたか。
(解答)「振り返って・ホット！・現状形」

### 5.「完了進行形」のニックネームは何でしたか。
(解答)「ずーっと継続形」

### 6. will はどんなことを伝えることばでしたか。
(解答)「話し手のその場で固めた意志」や「話し手の確信にみちた予測」

### 7.「～したら」を意味する when 節や if 節において、未来の事柄なのに、節中で現在形を用いるのはなぜですか。
(解答)「～することが事実となったら」というニュアンスなので、

「お定まりごと」を伝える「現在形が」ふさわしい。もし will を用いるなら、「〜しそうなら」(予測)とか、「〜しようと思っているなら」(意志)というニュアンスになってしまう。

### 8.「進行形」に一般的にできない動詞とはどのようなものでしたか。

(解答)　「変化」や「動き」のない「状態動詞」や、自分の意志によって自在に始めたり終えたりすることのできない「知覚・心理系動詞」など。

### 9.「現在完了形」とともに過去の明確な時や期間を指し示す表現を用いないのはなぜですか。またいつ？ (When 〜 ?) とたずねる文の中で「現在完了形」を一般に用いないのはなぜですか。

(解答)　have Vpp は、「V した [してしまった] 状態が今ある」というように、現状を伝える表現なので、それらの表現とともに用いるのはマッチしないため。

### 10. いずれも「V することになっている」というニュアンスを伝えられる、be + Ving、be to V、will be Ving は、それぞれにどんな異なる感覚を持っていますか。

(解答)　be + Ving は、準備万端整い、実現時のわくわく感をかかえている感覚。
be to V は、自分以外の他者によって固く定められている感覚。
will be Ving は、成り行きやスケジュールからそうなるだろうという感覚。

### ここでちょっとブレイク

## 英語のやさしいことば

**Strike while the iron is hot.**
「鉄は熱いうちに打て」

好機は決して逃したくはありませんよね

ですからチャンスが訪れて心に熱意の炎が燃えたなら
ちゅうちょせず、
心が熱いうちに、行動にとりかかるのはどうでしょうか！

感覚 3

# 様々な動詞表現に関する感覚

## この単元のねらい

　**動詞（述語）**は、**英文の中心的存在**です。英文の「命」また「王」とも言える、とても大切な部分です。それでこの単元では、**動詞とその周辺に関して、英語的な感覚としてぜひ捉えておきたい7つの項目を**いっしょに考えていきたいと思っています。

　一例として、「**帰宅する**」という表現は、**go home**、**come home**、**get home**、**be back** など、様々な表現が用いられますが、それらの表現をどのように使い分けることができるのでしょうか。こうした使い分けを上手にするには、それぞれの動詞が持つ基本的な**感覚**や**意味合い**をしっかりつかむことが必要です。

　同様に、「**私の宿題を手伝う**」は、なぜ help my homework / assignment ではダメなのでしょうか。そして、「**2時間電車に乗る**」は、なぜ get on the train for two hours ではいけないのでしょうか。さらに「**私はその試合に興奮した**」は、なぜ I excited the game. ではなくて、The game excited me. となるのでしょうか。「**私は彼をそこに行かせた**」という趣旨を伝える I made / had / let him go there. は、それぞれの使役動詞によって、伝える意味合いがどのようにちがってくるのでしょうか。

　動詞にかかわるこうしたネイティブ感覚の問題は、取り上げて

いけば切りがありませんが、この単元では、その中でも**最重要と思えるものだけ**に焦点を当ててみましょう。特に、動詞とその周辺に関する時制以外の面のネイティブ感覚に目を向けていきたいと思っています。なるべくテンポよく簡潔な仕方で扱いたいと思いますので、どうぞ「ふむふむ…」という感覚で付いてきてくださいね！

　では、さっそく始めましょう！

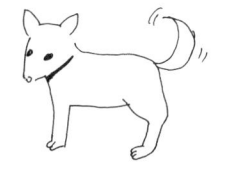

## PART 1

### 1 | go と come の使い分け感覚は?

～「帰宅する」は、go home それとも come home ?～

お母さんが「**朝食できたわよー**」：Breakfast is ready! と子どもたちに呼びかけると、英語では、(I'm) **going!** ではなく、必ず (I'm) **coming!** という返事が返ってきます。

いったい、なぜなのでしょうか。

そこには、「行く」なら go、「来る」なら come という **日本語とはちがう感覚が存在している** ことは確かなようです。では、ネイティブにとっての、go や come の感覚とは実際どのようなものなのでしょうか。

端的に言うと、**go は「離れていく」感覚**、そして **come は「近づいていく」感覚** を、表しています。

先ほどの例で言うと、お母さんに対する「今行くよ」という行為は、話し相手のお母さんを中心とした目線で考えると、「離れていく」行為ではなくて、「近づいていく」行為なので、**I'm coming!** となるわけです。もし、I'm going! なんて言ったとしたら、どっかへ「離れていって」しまうとお母さんは考えて、朝食は片付けられてしまうかもしれませんね。

では質問です。デート中のあなたは、彼女に対して、「もう帰宅しなければならないんだ」ということを告げようとしています。そのとき、もし go か come を使って述べるとしたら、

1. I have to *go home* now.　と
2. I have to *come home* now.　とでは、どちらが適切な表現と言えるでしょうか。

そうです、1. の go home が正解です。話し相手の彼女にとって、彼の「帰宅する」という行為は、彼女から**「離れていく」行為**だからです。

では、もう1つ別の質問です。今度は家にいるお母さんと、外出中のあなたが電話で話している場面です。今夜は帰るのか泊まるのか気にかけているお母さんに、あなたは帰宅することを伝えたいと思っています。あえて、**go home** か、**come home** を使うとしたら、どちらがふさわしいでしょうか。

今度は、「帰宅する」行為は、相手（お母さん）に**「近づいていく」**行為となるので、正解は、I'm going to *come home*. ということになります。

では、今家にいるあなたが、同じ家にいるお母さんに「10時頃までに帰宅するからね」と言って外出するときには、どうでしょうか。そのときには単純に近づいていく行為でも離れていく行為でもないので、「10時頃までにはここに**戻っている**からね」という感じで、I'll **be back** by ten. と言うのがもっとも自然な言い方

の1つです。

　〈参考〉なお、get home という言い方は、「家に**着く／至る**」という感覚の表現なので、近づくか離れていくかをあまり気にせずに用いることのできる表現といえるでしょう。

　元に戻りますが、go や come は、このように「離れていく」イメージや、「近づいていく」イメージを伝えることに加え、それぞれに「〜に**なる**」という意味でも使われる単語です。

　そして、この「なる」という意味合いにおいても、go は、どちらかというと**「離れていく」逸脱イメージ**から、go bad（腐る）、go sour（酸っぱくなる）、go wrong（おかしくなる）、go bankrupt（破産する）など、**悪い状態を表す語と結びつきやすい**のに対し、come の方はというと、**「近づいていく」到達イメージ**から、come true（実現する）、come right（うまくいく）、come alive（生き生きとする／生き返る）など、**良い状態を表す語と結びつきやすい**、というのもうなずけるでしょう。

　では、go と come の話はこれくらいにして、次は、動詞の「点」と「線」の話に移りましょう！

## 2 動詞における「点」と「線」の使い分け感覚とは?

～「2時間電車に乗る」は、get on the train for two hours でいい?～

　英作文を教えているときに、動詞の「点」と「線」の感覚があいまいなため、生徒がおかしな英作文を書いているのを目にすることがよくあります。たとえば、「彼女はほとんど毎日ジーンズを**着ている**」という英訳で、She **puts on** jeans almost every day. などと書くようなケースです。

　サブタイトルにもある、get on the train for two hours というような表現も、同じようにときどき目にするおかしな英文例です。
　いったい、どこに問題があるのでしょうか。

　それは、その動作が **瞬間的に行われる「点」の感覚** なのか、それとも **ある状態が続いている「線」の感覚** なのかを混同してしまっているところにあります。

　日本語では、「**乗る**」(点) と「**乗っている**」(線)、「**着る**」(点) と「**着ている**」(線) という表現は、ついている付属語の違いはあったとしても、基盤となっている動詞はそれぞれに「**乗る**」と「**着る**」で、動詞としては、全く同じものと見なされます。ですから国語辞書で調べるときは、「乗る」「着る」で引くことになり

ますし、「乗っている」「着ている」という見出しは辞書を探しても見つからないのです。

でも、英語の場合には、「**点**」と「**線**」の動詞が全く**別の単語**や**表現**で**区別されている**ことがあるのです。ですから、英語的な感覚を身につけるには、動詞が「点」の動詞なのか、それとも「線」の動詞なのかに、いつも敏感でなければなりません。

試験によく出るものとしては、先ほどの2組をしっかり覚えておけばよいと思います。

**put on** は「（ある瞬間に）着る／身につける」というあくまでも 点的な表現 であり、一方 **wear** は「（状態として）着ている／身につけている」という 線的な表現 となっています。

そしてもう1組に関しては、**get on** は「（ある瞬間に）乗る／乗り込む」という 点的な表現 であるのに対し、**take** は「（状態としてある時間）乗っている／乗って利用する」という 線的な表現 といえるのです。

それで「通勤のために3時間も電車に**乗る**のは体力を消耗させるものだ」という表現を英訳するときには、get on と take のどちらを使えばよいといえるでしょうか。

そうです、3時間「乗り込み続ける」わけではなく、3時間「乗り続けて利用する」わけですから、当然 take が正解ということになります。

今回取り上げたケースは、どちらも「点」の動詞と「線」の動詞を比較するものでしたが、**一般的には「点的な動作」は動詞**

が担当して、「**線的な状態**」は**形容詞**が担当するということも多いので、それも覚えておくとよいでしょう。

たとえば、よく混同されるものとして、die と dead を例として挙げることができます。

**die** は、あくまでも **「点の動詞」** として「(ある瞬間に) 死ぬ」という意味であり、一方 **dead** は、**形容詞** で「死んでいる」という **継続的な状態** を表しています。

ですから「彼は死んで3年になる」という表現は、He has been dead for three years. なら正しいのですが、He has died for three years. は、英文としておかしいということになります。die は「死ぬ」という、瞬間的な行為を表す動詞なので、「3年間」という継続的な状態は、形容詞の dead でしか表せないからです。

## 3 使役動詞の make・have・let・get の使い分け感覚は？

～「行きたい」と望んでいる人を「行かせる」ときに使うのは、どれ？～

　私が教えていた予備校でも、先ほど挙げた4つの使役動詞をはじめから上手に使い分けている学生には、めったに出会えません。少し教えれば基本的な使い分けができるようになりますが、英語を得意とする学生でさえ混乱しているというのが、どうやら現状のようです。

　では、これらの**4つの使役動詞は、それぞれどのように意味合いが異なっているのでしょうか。**

　たとえばサブタイトルにあるように、行きたいと望んでいる人に、「いいよ、行っても」という感じで行かせる場合には、4つの動詞のどれを用いたらよいのでしょうか。

　答えは、**let** です。
　なぜ、そうなるのでしょうか。
　そして、4つの使役動詞の基本的なニュアンスのちがいはどんなものなのでしょうか。

　ではこれから、使役動詞のちがいについて1つずつ考えていきましょう！

## 1. make

　make には、基本的に「人に対してであれものに対してであれ状況に対してであれ、**自分の意志で働きかけて、別のものに変化させ、目的にそって仕上げる／達成する**」というイメージがあります。

♯　また make には、「意志」が働いていない使い方もあります。（たとえば、The boat made for the shore.：「船は岸に向かって進んだ」のように）。でもここで注目しているのは、「意志」が関係している make の用法です。

　よく、会話で耳にする I made it！（やったぁ！／成し遂げた！）という表現や、She made him some sandwiches.（彼女は彼にサンドイッチを作ってあげた）、あるいは、make bed（ベッドを整える）、女性の人が自分の顔を「メイクする」（正確には「make up する」）など、どの場合をとってみても、自分の意志で変化させ、何かを仕上げたり達成したりしているイメージが、よく伝わってくるのではないでしょうか。

　**使役動詞の** make も同じように、**相手の意志や気持ちには関係なく、話し手の意志で一方的に働きかけ、ある状況を作り上げていくイメージ**があります。

　要するに、**「無理やり V させる」**という感覚です。
　ですから、He *made* her do the job. といえば、イメージ的には**「やれっ！」**という感じが、多少なりとも伝わってきます。ちょっと、圧力を感じさせる表現ですね。

95

では、次は have に注目してみましょう。

## 2. have

have には、これまで考えてきた make（ものであれ状況であれ、まるで粘土をこねるかのようにして作り上げ／仕上げていくイメージ）とはちがって、**自分の意志で強く働きかけて成し遂げていく「パワー」が、あまり感じられない**ことに、皆さんもきっと気づかれることと思います。

have にはもともと、**「自分や自分の生活空間の中で、あるものや状況を持っている、あるいは経験する」という基本的なイメージ** があるため、ある対象への強い働きかけのようなものは伝わってきません。あるいは、自分でがんばって何かを行なったり、意志をもって切り開いていったりするようなイメージも全く感じられないことばでもあります。

ですから、たとえ意志が関係する have の用法であったとしても、そこにあるイメージは、**単に「する、行う／あずかる、経験する」といった感じ**にとどまると言えるでしょう。

たとえば、have supper「夕食をとる」、have a walk「散歩をする」、have a chat「おしゃべりをする」／have a good time「楽しい時を過ごす」、have a bath「入浴する」、have a conversation「会話をする」などです。

どれにも「がんばる感覚」や「切り開く感覚」はなく、自分自

身や自分の生活空間に関連して、**自然な流れや状況の中で、あるものやある状況を持ったり経験したり、あずかったりする感覚**が感じ取れるのではないでしょうか。

　そうすると、have にはこのように「意志による強い働きかけがない」ため、使役動詞として用いられる場合でも、make のような「させるぞー！」という感覚はなく、**自然に、そして当然に、「してもらえる」状況を手にするような感覚**がかもし出されることになります。

　先ほど挙げた例の中に、have a bath「入浴する」というものがありました。この表現で、① The baby *had* a bath. とは言えても、② The baby *took* a bath. と一般に言うことはできません。
　その理由が実感できるでしょうか。
　②の take（原義：つかみ取る）は、自らの意志による働きかけを強く感じてしまう動詞なので、赤ちゃんがお風呂に自ら入ろうとするはずはない、と違和感を感じてしまうわけです。
　一方、①の have は、「あずかる／経験する」というニュアンスなので、「ああ、だれかにお風呂に入れてもらったんだな」と、違和感なく受けとめることができます。

　もう1つ、別の例とも比べてみましょう。
　テレビやラジオで、出演者が現れたときに、Tonight, we *have* Mr. X / with us here.（今夜はX氏をここにお招きしています）などと言うことがありますが、この表現の have の中にも、「X氏に／ここに来てもらう」という、「してもらう」感覚が感じ取れて、

「あっ、どこか使役動詞の have と似ている！」と、思うかもしれません。

　結論はこうです。　使役の have は、「強制（make）」や「説得（get）」などが必要ではなく、**自然／当然のこととしてやってもらえる人に、依頼して、「V してもらう」という感覚** を伝えているのです。

　この傾向は特にアメリカ英語に強く見られます。アメリカでは、客がそれを仕事としているプロに対して依頼するケースや、上司から部下に、親から子どもに依頼するケースなどに、この表現がよく用いられます。

　では、次は let について考えてみましょう！


## 3. let
　**let の基本イメージ** は、人に関連した場合には、**することを望んでいる人に「許可や機会を与える」「V させてあげる」** というものです。

　これだけをしっかり覚えておけば、もう バッチリです！
　その感覚で、次に挙げるいろいろな言い回しをどうぞ味わってみてください。

（1）*Let* me try it again.（もう一度やらせてください）

(2) *Let* me think.（考えさせてください）
(3) He *let* me drive his car.
（彼は私に彼の車を運転させてくれた）
(4) If there is anything I can do for you, please *let* me know.
（なんでもできることがありましたら知らせてください）

いかがでしたか。どれにも、望んでいる人に「許可や機会を与える」という感覚が感じ取れたでしょうか。

では、最後は get です。

## 4. get

get は、get dark（暗くなる）や、get angry（腹を立てる）のように、意志が関係しない使い方もありますが、意志が関係する使い方（「使役」も含む）のときには、**努力してあるものや状態を獲得するという基本的なイメージ** があります。

〈参考〉意志が関係しないケースでは、get は、「あるものや場所や状態に至る」というイメージで捉えればよいかもしれません。

そして、get の使役動詞としての用法でも、なんとか相手がするように仕向けて、**「説得などの努力を通して V する状態を獲得する」「V してもらう／させる」** というニュアンスを伝えます。

そして、ちょうど「人に V するように説得する」というニュアンスを持つ、persuade / convince 人 to V という表現同様、使

役動詞のgetも、**get 人 <u>to</u> V（人にVしてもらう／させる）という形になる**ことにも、注意しておいてほしいと思います。

では、4つの使役動詞の総まとめです。

次の4つの表現が伝える感覚が即座にキャッチできるでしょうか。どうぞ試してみてください！

(1) I *made* him go there.
(2) I *had* him go there.
(3) I *let* him go there.
(4) I *got* him to go there.

どうでしたか。使い分け感覚がしっかりと自分のものになっていたでしょうか。
それでは、確認です。

(1)「**強制イメージ**」で、彼の意志や願いなどにかまわず、無理やり行くように命じた感じです。
(2)「**依頼イメージ**」で、立場上当然してくれるはずの彼に、行くように頼んだ感じです。
(3)「**許可イメージ**」で、行くことを望んでいる彼に、「言っていいよ」と許可を与えた感じです。
(4)「**説得イメージ**」で、なんとか行くよう説得したりして、彼が行くように仕向けた感じです。

# 4 | help＋人や rob＋人などに見られる「相手感覚」とは？

## 〜 help my homework は、なぜダメ？〜

日本語中心主義で考えていくと、「私の宿題を手伝う」は、help my homework / assignment、「私の財布を奪い取る」は、rob my wallet、「彼女の結婚を祝福する」は、congratulate her marriage となるはずだ、と思ってしまうかもしれません。しかし実はこれらの3つの表現は、すべて誤りなのです。

冒頭で、「日本語中心主義」と述べましたが、そもそも言語は、それぞれ独特の発想や語順や表現様式を持っているものなのです。ですから、「日本語でこうだから英語でもこうであるはず」とはならないことを、常に意識している必要があります。

動詞のあとに続く名詞は「目的語」と呼ばれ、動詞の動作や作用を受ける「相手や対象」を表すということを、感覚1で取り上げました。この点について理解してはいても、もともとの英語の動詞の意味を、ネイティブの感覚に添ってつかんでいないならば、先ほどのようなミスをしてしまいがちです。

では、**個々の単語に関して、ネイティブがもっている感覚を正確に捉えるには どうしたらよいのでしょうか。**
とても良い方法が1つあります。何だと思いますか。

それは、 **英英辞書で意味や感覚をつかんでいく**、ということです。

　そして動詞に関して辞書を引くときには、その動詞の**あとに来る語**にも注意を払って、この語がいっしょに使われているときはこんな意味になるんだということも確認してください。

　では、先ほどの例をサンプルとして、実際に英英辞書を見てみることにしましょう。今回参照する英英辞書は、オックスフォード大学出版から出されている Word Power という辞書と、LONGMAN Dictionary of Contemporary English（通称 エルドス）という辞書です。

　まず、help を見てみることにしましょう。「ワードパワー」では次のように定義しています。

　to do something for somebody ● in order to be useful or to make something easier for him / her（だれかのために何かを行うこと ● その人にとって役立つために、あるいはその人にとって物事がよりたやすくなるために）

　＃ 下線は著者による。

　そして、他の語との結びつきを見てみると、**help** somebody **with** something などが示されています。

　ちなみにエルドスでは、どうなっているかといえば、次のようになっています。

　to make it possible or easier for someone to do something by doing part of their work or by giving them something they need（仕事の一部を行なったり必要としているものを与えたりすることによって、だれかが何かを行うのを可能にしたり、よりたやすくすること）　# 下線は著者による。

　いかがでしょうか。help は、「人」のために、「人」を対象にして、何かを行う行為であることが理解できたのではないでしょうか。
　そうです。これらの英英辞書からわかることを要約すると、次のようになります。

1. help を使って「私の宿題を手伝う」という意味を伝えるためには、「私の宿題」を目的語（対象）にすることはできません。**「人」：「私」を目的語(対象)とします**。
2. help は、**with と組んで、何に関して助けるかを付加的に示す**ことができ、with のあとにそのものを示します。

　ですから、help my homework と表現してしまうなら、「宿題くん！　きみ大変そうだね。きみの役に立つよう、何かをしてあげるよ」といった感じに受けとめられかねません。正しい言い方は、**help** me **with** my homework となります。

　**rob** も、英英辞書を調べてみると、「盗む」というよりは、「襲う」というイメージに近く、目的語としては、「人」や、銀行などの「場所」を取ることが示されています。
　ですから、rob my wallet という表現を耳にすると、ネイティブには私の財布に襲いかかるイメージが、思い浮かんでしまうかもしれません。

では、正しい言い方はどうなるのでしょうか。

**rob** me **of** my wallet が自然な言い方となります。〈参考〉この **of** は「分離の of」といわれ、私の財布を「分離」するイメージを伝えています。「取り去り系」の動詞の多くはこのパターンを取ります。たとえば、deprive（奪う）、clear（片付ける）、cure（治療する）などです。steal「盗む」の目的語には「もの」が来ますので、どうぞ注意してください。

congratulate は、「彼女の結婚を祝福する」で、**congratulate** her **on** her marriage となります。やはり「祝福する」相手や対象は、「人」と見なされていることがわかります。

「あなたの親切に感謝する」も、thank your kindness とは言えず、**thank** you **for** your kindness となります。やはり、「感謝する」相手や対象は、「人」となっています。「賞罰・許し系」の動詞の多くはこのパターンを取りますので、代表例として、thankに加え、praise（ほめる）、blame（非難する）、punish（罰する）、excuse（許す）、forgive（許す）などを覚えておけばよいと思います。

英英辞書からの引用は限られたものでしたが、英英辞書を用いると、ネイティブがその単語に対して持っているイメージや感覚がとてもよく理解できると思います。先ほど挙げた2つの英英辞書は、英語を学ぶ外国人向けにやさしい英語で説明されていますので、よかったら一度ぜひ手に取ってごらんになってみてください。

### ここでちょっとブレイク

## 英語のやさしいことば

### Beauty is but[only] skin-deep.
「美しさは ただ皮一枚」

確かに 人の外面の美しさは
皮一枚だけの 薄っぺらなものなのかもしれません

大切なのは 内面の美しさであり、
人を思いやったり、包み込んだり、温めたり、築き上げたりできる
そんな心なのかもしれませんね

# PART 2

## 5 ネイティブにとっての自動詞感覚、他動詞感覚とは？

〜自動詞と他動詞って、どうちがうの？〜

　最初に質問です。これから述べる2つの英文の中に出てくる study という動詞は、ネイティブの観点では、自動詞でしょうか。それとも他動詞でしょうか。

1. I *study* in the library every day.
 （私は毎日、図書館で**勉強しています**）
2. I *study* English in the library every day.
 （私は毎日、図書館で英語を**勉強しています**）

　訳は、どちらの study も「勉強している」ですが、皆さんの答えはいかがだったでしょうか。
　正解は、1. の study は、自動詞。そして2. の方は、他動詞です。**日本語でどんな訳になるかは、もちろん関係ありません。**

　**自動詞か他動詞かを分けるポイントはただ1つだけ** しかありません！　それは、**あとに目的語を伴う**かどうかということ**です**。

**あとに目的語を伴えば、他動詞、伴わなければ自動詞** ということになります。

たいていの英語の動詞は、同じ動詞が自動詞にも他動詞にもなります。たとえば、自動詞しかないと感じがちな sit という動詞も、自動詞として「座る」という意味もあれば、他動詞として「座らせる」という意味がある、といったぐあいです。

中には、**自動詞と他動詞とで、意味合いが全くちがってしまう動詞もある**ので注意してください。たとえば、試験などにも顔を出すものをいくつかたずねますので、どうぞ答えてみてください。

1. run の他動詞の意味は？　　例：He *runs* a big hotel.
2. stand の他動詞の意味は？　例：I *can't stand* it.
3. become の他動詞の意味は？　例：This dress *becomes* you.
4. do の自動詞の意味は？　　　例：This place *will do* for playing soccer.
5. move / touch の他動詞の意味は？　例：His speech *moved / touched* the audience.
6. pay の自動詞の意味は？　　例：It *pays* to be honest.

答えは次のようになります。
1. 経営する（彼は大きなホテルを経営している）
2. がまんする（私はがまんできない）

3. 似合っている（このドレスはお似合いですよ）
4. 十分または適当である（この場所は、サッカーをするのにかなっていますね）
5. 感動させる（彼のスピーチは聴衆を感動させた）
6. 利益になる／引き合う（正直であることは引き合う［益になる］ものだよ）

　ここまでのところで、たいていの動詞には自動詞と他動詞の両方の使い方があるということを考えましたが、**自動詞とそれに見合う他動詞とが、全く別の単語になっているもの** もあります。試験にもよく出る、「横になる」と「横にする」や「上がる」と「上げる」などは、その代表例です。

　皆さんは、これらの動詞の活用（現在分詞も含む）を、正確に言うことができますか。

「**横になる**」（自動詞）は、 lie ― lay ― lain ― lying
「**横にする**」（他動詞）は、 lay ― laid ― laid ― laying となります。

＃　「うそをつく」は、lie ― lied ― lied ― lying、となります。

　もう1組の方は、「**上がる**」（自動詞）が、rise ― rose ― risen ― rising、となり、「**上げる**」（他動詞）は、raise ― raised ― raised ― raising、となります。

　試験対策として、適語選択の問題では次のような手順で考えていくとよいでしょう。

1. まず動詞の直後に（目的語の位置に）、名詞が来ているか来て

いないかをチェックして、自動詞なのか他動詞なのかを判別する。
2. そして次に、活用のどの形なのかを考えて1つにしぼり込む。
3. 最後に、全体の意味を考慮し、それで合っているかどうかを確認する。

では、実際に問題を解いてみましょう！　どうぞ、適切な語を選んでみてください。

1. When he heard the news, he (lie, lied, lay, lain, laid, lying, laying) the paper on his lap.
2. How long have you (lie, lied, lay, lain, laid, lying, laying) on the sofa ?

では、考えてみましょう。
1. When he |heard| the news, he (lie, lied, lay, lain, laid, lying, laying) the paper on his lap.　についてですが、
　まず、かっこ内の動詞の直後を見ると、下線部に名詞が来ていて、選ぶべき動詞が**他動詞**であることがわかります。
　次に、活用の形をしぼり込むわけですが、囲みになっている動詞が**過去形**なので、過去形にちがいないと考えます。
　英文全体の意味も「その知らせを耳にしたとき、彼はひざに新聞を**置いた**［**横にした**］」となり、これで OK だと確認できるでしょう。それで、答えは laid となります。

では、次の問題はどうでしょうか。

109

2. How long have you (lie, lied, lay, lain, laid, lying, laying) _____ on the sofa?

　同じような仕方で考えていくと、まず動詞の直後を見て、下線部のように目的語となる名詞がないので、選ぶべき動詞は自動詞であることがわかります。

　次に活用の形を考えますが、囲みの表現の have から、have Vpp の現在完了形ではないかと考えます。

　全体の意味は、「これまでどれくらいソファーで寝て［横になって］いたのですか」となり、これで OK だと確認できます。答えは lain です。


　このような3段階チェックで選んでいけば、ほかの同様の問題も解きやすくなると思います。


　次に、自動詞と他動詞を勘ちがいしがちな、要注意の動詞について考えてみましょう。

　たとえば、「彼女と結婚する」は、marry with her でしょうか、それとも marry to her でしょうか、それとも marry her でしょうか。あなたはどれだと思いますか。

　正解は、marry her です。
　「彼女と結婚する」と聞くと、日本語にそのまま反応して with などを入れたくなる人もいるかもしれません。しかし日本語で「彼女と結婚する」と言うとき、それは結婚の「相手や対象」が「彼

女」であることを示しているわけですから、英語の動詞のあとに目的語の her が来るとしても何の不自然さもないのです。

このように**日本語につられて、実際には他動詞であるにもかかわらず自動詞扱いをしてしまい、前置詞を思わず入れたくなるような表現が試験にもよく出されます。**

〈参考〉marry は、一般に目的語を取って用いる動詞です。「〜と結婚する」は get married to 〜 という言い方もあり、この表現は、目的語を取らずに get married（結婚する）だけで用いることもできます。

一方、「(〜と) 結婚する」という動作や行為ではなくて、「(〜と) 結婚している」という状態を表したいときには、be married (to 〜) という表現を用います。

それではこれから、**最頻出の12個のまちがいやすい他動詞（一見自動詞に見える）**を取り上げたいと思います。

短いフレーズを例として用意しますので、なじみのないものは何十回となく音読して、体で覚えるようにしてくださいね。まちがえやすい具体例は一切示しません。

脳のどこかにそれが記憶され、かえってまちがえてしまうことがあるからです。

正しいものを、どうぞしっかりと覚えてください！

では、12個のものを以下に挙げていきます。

1. marry 〜　「〜と結婚する」　　例：marry her

2. approach 〜 「〜に近づく」　　例：approach the building
3. discuss 〜 「 〜について話し合う／論じる」　　例：discuss the matter
4. attend 〜 「〜に出席する」　　例：attend the meeting
5. mention 〜 「〜に言及する／触れる」　　例：mention the accident
6. consider 〜 「〜を慎重に考慮する」　　例：consider the risk
7. answer 〜 「〜に答える／応える」　　例：answer my question
8. enter 〜 「〜に入る／加わる」　　例：enter the room
9. resemble 〜 「〜に似ている」　　例：resemble her mother
10. reach 〜 「〜に着く／達する」　　例：reach the hotel
11. oppose 〜 「〜に反対する」　　例：oppose the plan
12. obey 〜 「〜に従う」　　例：obey the rule

　いかがでしたか。なじみのないものがいくつかあったでしょうか。
　上から頭文字を取って、1〜12の順番に**「マダム、帰ろ！」**となっています。
　フランス語では、結婚すると、マドモアゼルからマダムになりますが、そこから、「結婚する」に始まるこの12個の動詞を思い出してくださいね。
　「ろ」に丸が付いているのは、そこだけ ro ではなく、rroo と、2個ずつになっているためです。

よく、目的語に、to V ではなく Ving を伴う動詞を、昔から、「メガフェプス」(mind、enjoy、give up、avoid、finish、escape、put off[postpone]、stop)と覚えればいいと言われてきましたが、これと混同しないように、「マダム」から、「結婚する」をすぐに連想してほしいと思っています。

　〈参考〉ちなみに、mind は、mind opening the window (mind to open 〜はダメ)となるわけですが、mind は「〜を気にする/嫌がる」という意味ですので、Would you mind opening the window? とひじょうに丁寧な依頼を受けたなら、「窓を開けることが気にならない」ときには Not at all. などと答えるようにしましょう。All right などもよく用いられます。一方、Could / Would you V 〜? と丁寧に依頼されたときは、I'd be happy to.（喜んでしましょう）などと答えるとよいでしょう。

　さて、ここまでのところで、「一見自動詞、実は他動詞」というものを考えましたが、最後にその逆のもの、つまり「一見 他動詞、実は自動詞」を取り上げたいと思います。とりあえず、最頻出の以下の3つを確実に覚えて、それをベースにして広げていくといいでしょう。

　では、**最頻出の3個の「他動詞とまちがえやすい自動詞」**を紹介して、この項を結びたいと思います。

1. **apologize to A  for B**　「A に B のことで謝る」
　　例：apologize to him for being late　彼に遅れたことで謝る

2. **complain to A  of / about B**　「A に B について不平を述べる」
    例：complain to him about / of being noisy
        彼にうるさいことについて不平を述べる
3. **graduate from ～**　「～を卒業する」
    例：graduate from the university　大学を卒業する

# 6 感情・心理系の「させる動詞」の感覚とは？

〜 excite は「興奮する／させる」のどちら？　そして、なぜ？〜

最初に質問です。
**英語の文型の中で、もっとも基本的な文型は何**でしょうか。

**それは、SVO という文型**です。イメージでは、S⇒O となります。
その文型において、**S は行為主（与える側）、一方 O は行為の受け手（受ける側）**でしたね。
ところで英語のたいていの動詞も、この SVO という基本文型に添って、意味が形づくられていると考えたことはありますか。

たとえば、「**彼女がその試合を見て興奮した**」状況を思い浮かべてみてください。そしてその状況を、S⇒O で表すことを考えてみます。

主語や目的語になれるのは基本的に名詞だったので、「彼女」と「その試合」をそれらの候補と考えます。先ほどの「彼女がその試合を見て興奮していた」という状況は、「彼女⇒その試合」、あるいは「その試合⇒彼女」の、どちらの図式が、**「興奮を及ぼす」という**⇒を考えたときに、ぴったりくるでしょうか。
「興奮」に関連して、与える側・受ける側は、いったいどち

115

らですか。

　答えは明らかです。
　「興奮」を与えるのは**「その試合」**であり、受けるのは**「彼女」**です。つまり、「彼女がその試合に興奮を及ぼす」のではなく、「その試合が彼女に興奮を及ぼす」のです。
　それで英語では、**「その試合／[興奮を及ぼした]⇒／彼女」**という表現に関しては、**The game / excited / her.** と表現するのが**「標準モード」**となるわけです。

　さて、上の文で excite は、どんな意味となっていましたか。「興奮する」だったでしょうか、それとも「興奮させる」だったでしょうか。
　そうです！　**「興奮させる」**でした。そして **これこそ excite が表す意味** なのです！

　このように考えていくと、なぜ感情・心理系の動詞のほとんどが、「〜する」ではなく「〜させる」となるかがわかってくると思います。

　なぜ、excite が「興奮させる」なのかに関しては、こうしたことに加え、**感情表現に関する日本語と英語の、発想のちがい**にも注目できます。
　**日本語では感情は**、見たり聞いたりした事柄の結果、**心から湧き上がってくる、あるいは生じる**と考えますが、**英語では感情は**、ロジック（論理）や因果関係などを徹底的に考え重ん

じるために、**原因となる事柄が、直接人の心に働きかけて引き起こす**と考えられています。

似た例として、Your help *enabled* us to get the work done.（あなたの助けは、私たちがその仕事を終えるのを可能にした⇒あなたの助けのおかげで、私たちはその仕事を終えることができた）や、What *made* you so mad?（何があなたを、そんなに怒らせたのですか⇒なぜ、そんなに怒ったのですか）のような、**無生物が主語となり、人を相手に働きかける「無生物主語構文」なども、こうした見方を反映したもの**であり、日本語にはあまり見られない英語ならではの表現と言えるでしょう。

さて、このような 感情・心理系の「させる動詞」は、もの・こと⇒人 と表現するのが「標準モード」であることを考えると、**目的語に当たる「人」が主語になると、受け身の形で表現される**ことがとても多いのも納得できるのではないかと思います。

そしてこうした**「させる動詞」**に関しては、**現在分詞と過去分詞の用法にも注意**を払うとよいでしょう。
たとえば**現在分詞は、そのまま「V させる」というニュアンスになり、過去分詞は「V している」というニュアンスになる**こと、そして**現在分詞は「もの」と仲が良く、過去分詞は「人」と仲が良い**という点などです。

少し例を挙げてみましょう。どうぞどちらが適切か、そして意味もあわせて考えてみてください。

1. an (exciting、excited) game
2. The news is (surprising、surprised)
3. 先生の授業がおもしろくなくて、She is (boring、bored) a lot.
4. 子どもが悪い点数を取り、the (disappointing、disappointed) mother

　答えは次のとおりです。
1. game：「もの」を説明していることばなので、exciting と考えます。意味も「興奮させる試合」となり、OK であることがわかります。
2. news：「もの」を説明していることばなので、surprising ではないかと考えます。意味も「その知らせは驚かせるものだ」となり、これで OK です。
　＃ このように名詞があとに来ていないときは、「もの」を補うとよいでしょう。
3. she：「人」を説明していることばなので、bored とひとまず考えます。意味も「彼女は大いに退屈している」となり、全く問題ないことがわかります。
4. mother：「人」を説明していることばなので、disappointed と考えます。意味も「失望している母親」となり、これで OK です。
　＃ 「失望した母親」という日本語が与えられて選ぶときでも、「母親」は「失望させる」存在ではなく、「失望させられて、失望する」存在なので、やはり disappointed が正解となります。

● 感情表現では、「もの」は「させる」「人」は「させられる」という英語的意識を、どうぞ植え付けてくださいね！

## 7 「受け身」の文って「理由あり(わけ)」の文?

### 〜ネイティブはどんなときに「受け身」の文を使う?〜

　受け身の文と言えば、中学のときに He likes her. という文を、= She is liked by him. などと書き換えさせられたことを、思い出すのではないでしょうか。その「後遺症」もあってか、目的語のある文は、すべて受け身の文に直せるし、意味合いもたいして変わらないと感じている方も 少なくないようです。

　しかし実際には、上の書き換えられた文:She is liked by him. は、ネイティブにとってはまず使うことのない不自然な文なのです。そして自然に書き換えが可能な他の文においてさえ、普通の「〜する」という文と受け身の文とでは、全く意味がちがってくるのです。

　では、受け身の文の様々なネイティブ感覚に、いっしょに注目していきましょう!
　まず、1つの質問をしたいと思います。
　皆さんは、 **ネイティブスピーカーは** 、普通の文(「〜する」という能動態の文)と、受け身の文とでは、一般的に言って **どちらの文の方が好き** だと思いますか。

　答えは、普通の **能動態の文です** 。

なぜなのでしょうか。

なぜなら、**能動態の文の方が、ストレートで、力強く、明快だから**です。

こうしたことを考えると、タイトルにもあるように**ネイティブが受け身の文を用いることには、なんらかの理由がある**ということが見えてくるのではないでしょうか。

では、ネイティブが受け身の文を用いるのは、どんなときなのでしょうか。

これから主な理由を、いくつか考えてみることにしましょう。

## 1. 話者の視点が行為の受け手にあるため（行為主ではなく）

次の2つの文を、話者の視点がどこにあるかに注目して比べてみてください。

（1）The teacher *praised* the student.
（2）The student *was praised* by the teacher.

いかがですか。**話者の視点**という点では、**(1) は先生**に注目していて、**(2) は生徒**に注目しているという感覚を、皆さんも持たれたのではないでしょうか。(1) は、「その先生はね、その生徒をほめたんだよ」であり、(2) は、「その生徒はね、先生にほめられたんだよ」となるわけです。

これは覚えておいてよい点だと思いますが、**主語は、いつでも話し手の視点を示している**のです。ですから、長文などを読

むときにも主語を追っていくことによって、視点がどのように移り変わっていくかが、よくつかめることでしょう。

## 2. 行為主に関して、不明、言う必要もない、かくしたいため

次のそれぞれの文は、今挙げたどの状況が当てはまるように思えますか。

(1) About 3000 people *were killed* in the war.
（約3000人がその戦争で命を失った）

(2) English *is spoken* in Australia.
（オーストラリアでは英語が話されている）

(3) Promises should *be kept* without fail.
（約束は必ず守られるべきだ）

(1)は、だれが また何が3000人の命を奪ったのかは、個々の様々な状況もあり、**不明**といえます。

(2)は、もちろんオーストラリアにいる人々が行為主と言えるわけですが、それは**言う必要もない**ことです。

(3)は、「おまえ（たち）は約束を必ず守るべきだ」ということもできますが、あえて you を出さないことにより、つまり、あえて**かくす**ことにより、柔らげられた印象が伝わってくるのではないでしょうか。

## 3. 発言内容に客観的な響きを持たせたいため

次の2つの文を、どうぞ比較してみてください。どちらも同じ趣旨のことを言っています。

(1) It *is estimated* that the fossil dates back to the Yayoi

Era. 〈受け身の文〉
(その化石は、弥生時代にまでさかのぼると(ざっと)見積もられている)

(2) I *suppose* that the fossil dates back to the Yayoi Era.
〈ふつうの文〉
(その化石は弥生時代にまでさかのぼるのではないか、と私は思っている)

　いかがですか。きっと(1)の方が、客観的な発言だという印象を持たれたのではないでしょうか。(2)のように言ってしまうと、「なんだ、それはおまえさんの推測かい？」という反応を引き起こしてしまうにちがいありません。

## 4. どういう結果や状態が引き起こされたかに、注意を引きたいため

　たとえば、「その地震が引き起こしたんだ」という点よりも、引き起こされた結果や状態に注意を引きたいと思うときには、受け身の文を用いて次のように言うかもしれません。

Not a few people *were buried* under the rubble of the earth quake.

　これは、「(思ったよりも)多くの人が地震の瓦礫の下に埋もれていた」という意味合いを伝える文ですが、**原因よりも結果をクローズアップしている**ことが感じ取れるのではないかと思います。

## 5. 「なじみのある情報⇒新しい情報」という、英文の情報伝達構造のため

この部分はわかりにくかったら飛ばしてもけっこうですが、特に英文の**書きことばの世界では、**前の文の内容を受けて次の文を作るときに、（ルールではなく、**1つの原則として**受けとめてほしいのですが）メッセージを伝えるにあたって、**「なじみのある情報⇒新しい情報」というスタイルで述べる傾向**があります。
　これは、**メッセージを受け取る読み手への配慮**と、**文章の流れが関係**しているのでしょう。

　たとえば、日本語で考えてみましょう！　どうぞ次の3つの文をごらんください。
（1）その町には眺めのよい1つの丘（a hill）がある。
（2）その丘の上には、1つの古い教会（an old church）が建っている。
（3）その教会を建てたのは、ガブリエル氏（Mr. Gabriel）である。
　　＃　新しい情報は下線部です。

　これをどうぞ、次の日本語と比べてみてください。
ア　1つの眺めのよい丘が、その町にはある。
イ　1つの古い教会が、その丘の上には建っている。
ウ　ガブリエル氏が、その教会を建てたのである。

　いかがでしょうか。なんとなく、上の（1）～（3）の場合と比べて、アイウの文章は流れやつながりが感じ取りにくく、意味もつかみにくくて、イライラしたのではないでしょうか。
　原因はどこにあるのでしょうか。
　下線部に注目することで、はっきりとわかります。

(1)〜(3) の文は、強調したい**「新しい情報」が**、すでに聞いたり知ったりしている**「なじみのある情報」のあとに来ている**のに対し、ア〜ウの文は、どれもいきなり「新しい情報」から始まっているために、読み手にはキャッチしにくく、しかも分断されているような印象を与えていることがわかります。

　英文でも、このことは全く同様です。
　ですから、(1) の文を受けた (2) の文は、英語では、On the hill stands an old church. が自然で、そしてこれを受けた (3) の文は、It *was built* by Mr. Gabriel. が自然なのです。
＃　受け身に注目
3つの文をまとめて示すと、こういう流れになります。

1. The town has a hill with a good view.
2. On the hill stands an old church.
3. It was built by Mr. Gabriel.
＃　下線部は新しい情報です。

　英文で上のような、**S、V、O、C、M（その他）が入れ替わっているタイプの「倒置」が起きるとき**には、こうした**情報伝達構造が原因となっていることが多い**という点も覚えておくとよいでしょう。また**これらが原因で**、(3) のように**受け身の文になっている場合もある**ことも意識していただけたらと思います。

〈参考〉加えて、「文末・焦点」（エンド・フォーカス）と呼ばれる原則によって、ぜひ強調し、そこに読み手の焦点を合わせたい

125

と思う表現を、文末に持ってくることがあるということも覚えておくなら、なぜ 2. の文は On the hill, an old church stands. ではなく、On the hill stands an old church. の方が自然となるかが、よくわかるのではないかと思います。

また、書き換え問題で、I gave A X.（私は A さんに X をあげた）＝ I gave X　to A.（私は X を A さんにあげた）というのをよく目にしますが、上で述べた原則を考えると、強調点が全くちがうことに気づかされるでしょう。もうおわかりのように、最初の文が、「私が A さんにあげたものは、Y でも Z でも他のものでもなく、ほかならぬ X なんです」と、あげたものに焦点を合わせているのに対し、あとの文の方はというと、「私が X をあげたのは、B さんでも C さんでも D さんでもなく、ほかならぬ A さんになんですよ」と、あげた人に焦点を合わせていることがよく理解できると思います。それで「あなたが A さんにあげたものは何なの？」とたずねられたときに用いる文としては、あとの文は決してありえず、最初の文しか使えないということも、きっと理解していただけると思います。

さて、これまでのところで、**ネイティブは受け身の文よりも能動態の文の方が好きで、そのため、受け身の文が用いられているときには、それなりの理由がある**ということについて考えてきました。

**こうした理由すべてを考えると**、なぜ実際の受け身の文の中では「行為者」を表す **by 〜 という表現が、ネイティブの文の中では 2 割くらいしか見られない**かという理由も、よくわかりますね。

さらに、文末に **by 〜 が来る表現**は、「文末・焦点」の原則によって**その箇所に大きな強調が置かれる**ことになります。たとえば、The baby was taken care of by Tom. という文は、「その赤ちゃんはトムによって世話された」よりも、「その赤ちゃんを世話したのは、ほかならぬトムなんだ」というニュアンスを伝えていることもわかるでしょう。

　加えて、p.123の4.のところで考えたように、受け身の文が引き起こされた結果や状態に注意を引く表現であることが理解できると、いわゆる**「こうむり意識」：「被害意識」が働く表現**は、おのずと**受け身形**になることが多いのも合点がいきますね。

　たとえば、よく試験にも出る He *was killed* in the war.（戦争で死ぬ）とか、I *was caught* in a shower.（にわか雨にあう）などです。

　最初の文に関しては、病気や老化による死であれば、die（死ぬ）を用いるのは自然なことですが、戦争での死ということになると「命を奪われた／殺された」という「被害意識」が強く働くので、be killed という表現が 気持ちに添った自然なものとなるのです。あとの文も同様です。

＃　どうぞ下線部の in にも注目してください。なぜ by になっていないのかおわかりになりますか。それは、by のあとに来る語は「働きかける行為者」だからです。「戦争」や「にわか雨」は「行為者」ではなく、物事が起きた「状況」を表しているので、「〜と

いう状況の中で」という感覚で、in を用いているわけです。

　いかがだったでしょうか。

　受け身の文についてのすべてを取り上げているわけではありませんが、この本の中では、受け身の文の中に感じ取れる**ネイティブの「理由あり感覚」を中心に**考えてきました。
　終わりに、覚えておくとよいいくつかの表現を取り上げて結ぼうと思います。

## 試験頻出 受け身表現4

### 1.「進行形 + 受け身」や「完了形 + 受け身」

このような混合形に対処するには、**「助・完・進・受」の法則**を覚えておくとよいと思います。

これは**優先順序**を表すもので、第1位が助動詞、第2位が完了形、第3位が進行形、そして第4位が受動態、ということを示しています。

どんなふうに使うかと言えば、たとえば**「完了形と進行形の混合形（完了進行形）」**の場合には、完了形の方が優先順序が先なので、 完：have + **Vpp** + 進：**be** + Ving ＝と考えます。

そして太字で示されている、はじめの表現の最後の部分（ここではVpp）と、あとの表現の最初の部分（ここではbe）に関しては、両方をミックスさせて、両方を同時に満たす形を考えます。つまり、片方は「過去分詞にしてくれ！」と要求し、もう片方は「be動詞にしてくれ！」と要求していますので、be動詞の過去分詞形であるbeenが、溶け合ってでき上がることになります。

このようにミックスした部分ができ上がったら、頭の方から読んでいき、**have been Ving** というのが求めている形であることがわかるわけです。

このようにして考えていくと、たとえば「その橋は建てられつつある（建設途上だ）」ということを伝える英文は、その形が、$\boxed{進：be + Ving}$ + $\boxed{受：be + Vpp}$ = **be being Vpp** となり、The bridge is being built. となることがわかりますし、一方、「その仕事は（もう）なされている」という、完了形と受動態の混合形の場合には、その形は、$\boxed{完：have + Vpp}$ + $\boxed{受：be + Vpp}$ = **have been Vpp** となり、The job has been done. となることがわかります。

これらの、**進行形の受動態：be being Vpp** と、**完了形の受動態：have/has been Ving** は、「助・完・進・受」の法則とともに、ぜひ覚えておいてくださいね。

### 2. 群動詞の受動態

**take care of**（〜を世話する）とか、**speak to**（〜に話しかける）とか、**laugh at**（〜を見て［聞いて］笑う）とか、**look at**（〜をじっと見る）のように、これでひとかたまりの **他動詞となっている群動詞** は、**受動態になっても、最後に付いている前置詞を落とさない** ように注意する必要があります。

たとえば、She was spoken to by Tom.（彼女はトムに話しかけられた）というようにです。
決して、to を落とさないようにしてくださいね！

## 3. be made to V や be seen to V という表現

それぞれの意味は、次のようになります。

**be made to V は、「V させられる」、be seen to V は、「V するのを見られる」**

たとえば、He made her *go* there.（彼は彼女をそこに行かせた）を、her を主語にして言い換えた文は、She was made *to go* there.（彼女はそこに行かされた）となり、特別なケースですが to が現れることになります。

同様に、He saw her *enter* the room.（彼は彼女が部屋に入るのを目にした）を、her を主語にして言い換えた文は、同じように to が現れて、She was seen *to enter* the room.（彼女は部屋に入るのを見られた）となるわけです。

このように、使役動詞や知覚動詞で原形を伴う表現では、受け身の文になったときに、be + Vpp のあとにそのまま原形が続くのではなく、例外的に to が入るということも、ぜひ覚えておいてほしいと思います。

## 4. be + Vpp のあとに by 以外の前置詞を伴う表現

**be + Vpp につづく by 〜 は「行為者」を表します。**

前にも取り上げたように、「被害意識」を感じる be killed in the war[accident] という表現の中の「戦争」や「事故」、be caught in a shower[heavy rain] の中の「にわか雨」や「大雨」には、働きかけを行う「行為者」のイメージが希薄です。

それと同様に、**be covered with** snow（雪でおおわれている）や **be interested in** cooking（料理に興味がある）、**be involved in** 〜（〜にかかわっている）、**be known to** 〜（〜に知られている）、**be known for** 〜（〜で知られている／有名である）などのイディオムも、働きかけを与える「行為者」のイメージがうすいので、**by 〜 を伴わない**ということも同じような考えから理解できますね。これらの表現も、ぜひ覚えておきましょう。

試験によく出る 受動態表現に関しては、以上に加えて **as far as S is concerned**（Sに関するかぎり）という表現も、よく出題されるので覚えておくとよいでしょう。たとえば「私に関するかぎり」であれば、as far as I am concerned となるわけです。

よく使う言い回しなので、しっかり自分のものにしておいてくださいね！

## 重点チェック・即答10問

(リミット120秒)

**1.「go と come の感覚のちがいはどんなものでしたか。**
(解答) go は「離れていく」、come は「近づく」感覚

**2. 動詞における「点」と「線」の感覚とはどんなものですか。**
(解答)「点」は、ある動作が瞬間的に起きて、その場で即完了する感覚
「線」は、ある状態が続いている感覚

**3.「乗車」「着用」「死」に関連しての「点」と「線」を表す表現を挙げてください。**
(解答)「乗車」/ 「点」は get on [in]、「線」は take
「着用」/ 「点」は put on、「線」は wear
「死」/ 「点」は die、「線」は dead (形容詞)

**4. 使役動詞4つの使い分け感覚はどんなものでしたか。**
(解答) make は、無理やり「V させる」
have は、当然のこととしてやってもらえる人に依頼して「V してもらう」
let は、することを望んでいる人に、許可や機会を与えて「V させてあげる」
get は、説得などの努力を通して「V してもらう/させる」

5. 「A の B を手伝う」「A から B を奪う」を伝えるときの help や rob の使い方はどんなものですか。

　（解答）　help A with B,　rob A of B


6. 自動詞と他動詞の決定的なちがいは何ですか。

　（解答）　あとに目的語を伴うかどうか。伴えば他動詞、伴わなければ自動詞


7. 「横になる」と「横にする」、「上がる」と「上げる」の活用を、現在分詞も含めて述べてください。

　（解答）　横になる／　lie – lay – lain – lying
　　　　　　横にする／　lay – laid – laid – laying
　　　　　　上がる／　rise – rose – risen – rising
　　　　　　上げる／　raise – raised – raised – raising


8. 最頻出の、「一見自 V、実は他 V」という V を12個、最頻出の「一見他 V、実は自 V」を（使い方も含めて）3個言うことができますか。

　（解答）　marry、approach、discuss、attend、mention、consider、answer、enter、resemble、reach、oppose、obey、の12個
　　　　　　apologize to A for B（A に B のことで謝る）
　　　　　　complain to A of / about B（A に B について不平を言う）
　　　　　　graduate from 〜（〜を卒業する）


9. excite、surprise、bore、disappoint のそれぞれの意味はどんなものですか。

（解答）　興奮させる、驚かせる、退屈させる、失望させる

　　　　　　　　　　　　　　　　　　同じ意味合いなら OK

## 10. ネイティブが「受け身の文」を用いるときの理由を4つ言えますか。

（解答）　1. 話者の視点が行為の受け手にあるため
　　　　　2. 行為主に関して、不明、言う必要もない、かくしたいため
　　　　　3. 発言内容に客観的な響きを持たせたいため
　　　　　4. どういう結果や状態が引き起こされたかに注意を引きたいため
　　　　　5. 「なじみのある情報⇒新しい情報」という、英文の情報伝達構造のため

以上の中から4つ答えられれば OK。

> ここでちょっとブレイク

## 英語のやさしいことば

**Every cloud has a silver lining.**
「すべての雲には銀の裏地がある」

下から見ると黒く見える雲も
見方を変えてみると

その裏側（上方）は
太陽の光を浴びて、銀色に輝いています

感覚 4

# 助動詞に関する感覚

## この単元のねらい

　**助動詞**と言うと、どんなイメージがありますか。中学生のときに習ったことから、「動詞の前に付いて、動詞に意味を付け足して補助することば」だと思いますか。そして、たとえば will だったら「意志未来」「単純未来」「推量」「習性」〜など、それぞれの助動詞がいろいろな意味合いを持っていると感じるでしょうか。加えて、助動詞の過去形が必ずしも過去を表すわけではないことに何度も出くわしたりすると、頭は混乱してきて、いったいこの助動詞はいつのことを述べているのだろう。そして今回はいったいどんな意味で用いられているのだろうかと、助動詞が**やっかいで少し捉えにくい存在に思えてくるかもしれません。**

　**でも、**一見捉えにくく感じられる助動詞ですが、ひとたび外面上のことから目を移し変えて、助動詞の **本質に目を向けてみると**、驚くほどすっきりと **感覚的に助動詞の世界が整理されてくるのに、きっと驚かされる** でしょう！

　ではさっそく、助動詞の**内面の世界に飛び込んで、いっしょに探検してみる**ことにしましょう！

# 1 助動詞って何を伝えることば？

簡潔に答えると、助動詞とは「**話し手の思いを伝えることば**」と言うことができます。

そうです！ 客観的な事実ではなく、あくまでも**主観的な「話し手の思い」**、つまり **話し手のいだいている気持ちや判断などを伝えることば** だということです。どうぞ次の例に注目してください。

1. He *is* a doctor.
2. He *must / might* be a doctor.

両方を比較してみると、1. が、客観的な事実を述べている文であるのに対し、**2. の方は**、「彼は医者であるにちがいない／医者であるかもしれない」と、**話し手としての、自分の判断を述べている**ことに気づかされるのではないでしょうか。

もう少し別の例を考えてみましょう！

3. He *studies* English at least two hours a day.
4. The government *should* do more to help homeless people.
5. You *can* do it！

先ほどと同じように、3.の文が「彼は1日に少なくとも2時間英語を勉強している」と、客観的な事実を述べているのに対して、**4.と5.の文**の方はというと、**話し手の思いを伝える文となっている**ことに気づくことでしょう。

　4.は「政府はもっとホームレスの人々を援助すべきだよ」という話し手の思い、そして5.の方は「きみならできるさ！」という話し手の思いです。

## 2 助動詞の2つの主な用法とはどんなもの?

　では、助動詞が話し手自身の思いを伝えることばだとすると、いったいどんな思いを伝えるために用いられるのでしょうか。

　**主に2通り**の仕方で、助動詞は話し手の思いを伝えると言えるでしょう。

　1つは、**話し手がいだいている気持ちや意向を伝える用法**。もう1つは、**話し手がいだいている確かさや可能性を伝える用法**です。

　先ほどの例では、2. (p.139) は、話し手のいだいている確かさや可能性を伝える用法であり、一方、4.や5. (p.139) は、話し手がいだいている気持ちや意向を伝える用法と言えるでしょう。

　それにしても、**must** なら、「〜しなければならない」と「〜にちがいない」、**may** なら、「〜してもよろしい」と「〜かもしれない」、そして **should** なら、「〜すべきだ」と「〜のはずだ」などと学校では教わりましたが、この2つの用法には実際なんの関連もないのでしょうか。ただ丸暗記するしか手はないのでしょうか。

# 3 5つの主要な助動詞の中心イメージとはどんなもの？

 それぞれの助動詞が持つ中心的なイメージがつかめると、丸暗記ではなく、しかも他の様々な用法も無理なく理解できるようになるはずです。そして結果として、**助動詞の世界が感覚的にすっきりと整理されてくる**ことと思います。

 ではその一例として、まず will を取り上げてみることにしましょう。

### 1. will
 will という助動詞の中心イメージは、ひとことで言うならば、「きっと！」というイメージでしょう。

 この「きっと！」という中心イメージは、気持ちや意向を伝える用法では、(きっと)「V します／V しようと思います」というその場で固められた「意志」を表し、確かさや可能性を伝える用法では、(きっと)「〜だろう」という確信に満ちた「予測」を表すようになっているのです。

 「きっと！」という中心イメージを持つこの will のパワーには、想像以上のものがあります。I'll や It'll のような短縮形ではなく、独立した will という形で用いられたり、さらにはそこに強勢が置かれたりすると、「必ず！」とか、さらには「絶対！」と

142

いう領域にまで、意味合いが強められることになります。

　ですから、will を強めた言い方で、余命宣告を受けている親友に、You *will* get better soon. と言うならば、それは「おまえは**絶対**すぐに良くなるからな」という**自分の思いの中での100パーセントの確信表明**となりますし、一方、みんなが、危険だから行くのはやめろと言っている中で、I will go there. と言ったとすると（I'll ではなくて、しかも will に強勢を置いて言ったとしたら）、「（なんと言おうが）おれは**絶対**に行く！」という**100パーセントの決意表明**ともなるのです。will のパワーのすごさが理解できたでしょうか。

　このように、中心となる「きっと！」というイメージや will のパワーがわかってくると、たとえば短縮されずに、しかも強勢が置かれることの多い、Accidents *will* happen. や Babies *will* cry. のような「**習性**」（**あるものに、どうしても付きまとう性質や傾向**）という少し耳慣れない用法についても、ニュアンスをつかみやすくなるのではないかと思います。そもそも**冠詞のない複数形名詞**は、**一般論を述べるときに使われる形**なので、先ほどの英文は、出だしは「事故っていうのは～」「赤ちゃんっていうのは～」という感覚で述べられていることになります。では、その続きがどうなるのかを、will の中心イメージから、感じ取ることができますか。

　そう！　パワーアップの will なので、「**必ず！／絶対！**」と**いうニュアンスになる**のでしたね。そうすると、「事故っていう

のは、どうしたって必ず起きるものさ」「赤ちゃんっていうのは、必ず泣くもんだよ」という意味を伝えていることが理解できるのではないでしょうか。

　これとは別の用法に「単純未来」と呼ばれる、意志の関与しない表現がありますが、これを全く別の用法として捉えるのではなく、「きっと！」という「確信に満ちた予測」として、たとえばI'll be twelve next month. などについても「来月、12歳になるんです」と違和感なく受けとめられるのではないかと思います。

　さて、will を例にして、様々な点を考えましたが、**大切なことは、どの用法においても「きっと！」を中心にして**（パワーアップすると「必ず！／絶対！」となりますが）、**みな1つのイメージでつながっている**ということでした。**中心イメージがつかめると、**助動詞の世界が自分の中ですっきりと、**感覚的に整理されてくる**ことが実感できたでしょうか。

　では、残りの4つの主要な助動詞の中心イメージについても考えてみることにしましょう！

## 2. must

　must の中心イメージは、どんなものでしょうか。
　**その中心イメージを日本語に置き換えると、「なんとしたって！」**という感じでしょうか。

　そしてこの「なんとしたって！」という中心イメージが、**気持**

ちや意向を伝える用法では、**(なんとしたって)「V しなければならない」**というニュアンスを伝え、また**確かさや可能性を伝える用法では、(なんとしたって)「〜にちがいない」**というニュアンスを伝えることになるのです。

ではここで、1つの質問です。仲の良い友だちどうしの会話です。互いに共通の趣味の話になりますが、1人がお気に入りの店の話を始めます。そこに行くと興味深いものが豊富にそろっていて、きっと目新しいもの、欲しいものが手に入るというのです。その人はさらに続けてこう言います。

You *must* drop in at the shop.

さて皆さんは、どんなニュアンスでこのセリフを受けとめますか。

「あなたはその店に立ち寄らなければならない」という感じでしょうか。

これだとなんだか、この場面では「義務感」がのしかかってきて、重過ぎる感じですね。

そこで must の中心イメージに立ち返って、場面に合わせて考えてみてはどうでしょうか。興味深いものがいっぱいある店があって、行けば相手は絶対満足するにちがいないと感じて、親友が相手に語りかけている場面です。

must の中心イメージを思い出してみてください！ そしてこの場面に当てはめてどうぞ感じ取ってみてください！ 「なんとしたって」…さあ、その続きはどうなりますか。そう、「ぜひその店に立ち寄ってごらんよ」という気持ちが伝わってくるのでは

ありませんか。

　中心的なイメージをつかんでおくことはこのように、**感覚的にメッセージをキャッチするのに、とても役立つ**と言えそうですね！

### 3. should
　should の**中心的なイメージは**、いったいどんなものと言えるでしょうか。
　それは、「当然！」というイメージ に近いように思います。

　そして、それが話し手の**気持ちや意向を伝えるために**用いられると、**(当然)「Ｖすべきだ／Ｖしたらいい」**となり、また一方で、話し手のいだいている**確かさや可能性を伝えるために**用いられると、**(当然)「〜のはずだ」**というニュアンスになります。

　このように should には、**話し手が ある事柄を「当然・正当」と受けとめている** という思いが、その中に込められているのです。この点をしっかりと覚えておくなら、should のその他の様々な用法も、ずっとつかみやすくなると思います。

　どうぞ、「当然！」というイメージで次の例文を味わってみてください。
1. Children *should* obey their parents.
　　（子どもたちは当然、親に従うべきだね）

2. It *should* be so hot there in summer.
（そこは当然、夏はほんとうに熱いはずだ）

### 4. may

may の**中心イメージは**どんなものに近いのでしょうか。
**「まあ〜」という、半分受容のイメージ** に近いと言えるかもしれません。

**全面的に受け入れているわけではなく、かといってすべてを拒絶しているわけでもない、「まあ〜」という感覚で受容しているというイメージ**です。

この半分受容の「まあ〜」が、話し手の**気持ちや意向を伝えるため**に用いられると、You *may* sit here.（君はそこに座ってもよかろう）のように、**（まあ〜）「V してもよろしい／V してもよかろう」**という（ちょっと上から目線の）「許可」の思いを伝えます。
一方、話し手のいだいている**確かさや可能性を伝えるために**用いられると、**（まあ〜）「〜かもしれない」（50パーセントほどの受容）**という思いを伝えるものとなるのです。

アメリカ英語では、この「〜かもしれない」というニュアンスを、may よりも might で表す傾向が強いようです。これも覚えておくとよいでしょう。
例を挙げましょう。Mary isn't in her office, she **may / might** be working at home today.「メアリーは職場にはいません、きょ

うは家で働いているのかもしれませんね」といった感じです。

## 5. can

　can の**中心イメージ**はどんなものですか。簡単に言うと、**内在している可能性を表し、「しえる／ありえる」というイメージ**です。

　それが、**気持ちや意向を伝える用法では、「V しえる／しようと思えば V することができる」**というニュアンスを伝えます。
　一方、**確かさや可能性を伝える用法では、「～でありえる／～のこともある」**というニュアンスを 伝えるものとなるのです。

　たとえば、彼という人間がいる。そして彼はしようと思えば流ちょうにフランス語が話せるなら、He *can* speak French fluently. となるわけです。〈**しえる**〉

　ある都市がある。そしてその都市の気温は夏によく35度にまで達することがあるなら、The temperature **can** often reach 35℃ in summer. となるわけです。〈**ありえる**〉

　これらの can は、現在形では気づきにくいのですが、「**内在する可能性**」なので、**過去形：could** になったときには、「**実際に V することができた**」という意味にはならないことに注意しなければなりません。多くの場合「**しようと思えば V することができた**」**というニュアンスを伝える**ものとなってしまうのです（「思考・認識系の V」など非アクション V は、「V することができた」という訳も可能です。もともとそのような動詞は、

内在している思いや感覚の働きを表しているからです)。

　ですから**実際に目に見える出来事として、一度あることができた**、ということを伝えたいなら、**was / were able to V** という表現か、**managed to V** という表現などを用いるとよいでしょう。たとえば、I *was able to* win the race yesterday.（私はきのう、そのレースに勝つことができた）などのように（couldは不可）。

　一方、ある時期や期間において、いつでもVしようと思えばVできる能力が継続的にあったのなら、I *could* speak German when I was a child.（子どものときはドイツ語を話せた）のように、could を用いることができます。

　〈参考〉could とちがって couldn't は、もともと実現していないことを表す表現なので、couldn't ＝ wasn't / weren't able to の感覚で、これまで could について述べた様々なことはなんら気にせずに、いつでも「Vすることができなかった」という意味を伝えたいときに、気軽な感じで用いることができます。

## 4 「話し手の思い」がいつの時点に向いているかはどこからわかる?

　助動詞がこのように、気持ちであれ確かさであれ、「話し手の思い」を伝える表現であることがわかるにつれ、次に問題となってくるのが、**話し手の思いがいつの時点に向いているかを、どうやって判断できるのか**という点です。

　問題を出して考えてみましょう！　次のそれぞれにおいて、「話し手の思い」はいつの時点のことに向けられているでしょうか。

　イ．**現状**でしょうか。　　ロ．**過去のこと**でしょうか。
　ハ．**これから先のこと**でしょうか。
どうぞ考えてみてください。

(1)（彼がヒトミさんを熱愛していることを聞いて⇒）
　　It*'ll be* true.
(2)（感動的な景色を目にして⇒）
　　You *should take* a photograph.
(3)（きのうのパーティーはほんとうに楽しかったよ⇒）
　　You *should have come* to the party.
(4)（何時にお伺いしましょうか⇒）
　　Well, we *will have finished* dinner by eight.　So ～
(5)（彼はどこで暮らしているのかな？⇒）
　　He *might live* in Tokyo.
(6)（彼は3日前から、ずっとここにいるよ⇒）

He ***can't have been*** there yesterday evening.
(7)（それをメモしておかなくっちゃ⇒）　I ***could forget*** it.
(8) He ***will be*** a great musician in several years.
(9) If he hadn't been ill, he ***would have come*** to the concert.
(10) I ***can go*** shopping with you next Sunday.
(11) He ***must know*** her.
(12)（高校時代のことを話し合っている場面で⇒）
　　I ***would***（***often / always***）***go*** dancing in the hall.

　さあ、どうでしたか。何か、決まりや法則のようなものは見いだせましたか。
　助動詞が過去形なら、過去のことに「話し手の思い」が向いているとは限らないということにも、きっと気づかれたと思います。
　ではどうやって、「思い」がいつのことに向けられているかを判断できるのでしょうか。

　助動詞が使われる **文脈が大切なのは言うまでもありませんが**、**大づかみに言って**、**次のような原則がある** といえます。
（注意！　ここで単に「助動詞」となっているものは、現在形でも過去形でもどちらでもよいと考えてください。）
　実は、**大切なのは**助動詞が現在形か過去形かではなく、**助動詞に続くものが何かということ** なのです。どうぞ、以下の原則に注目してください！

1. 助動詞 **＋動作動詞** ⇒ 「話し手の **思い」は、これから先のことに** 向いている

2. 助動詞 **＋ be / 状態動詞** ⇒ 「話し手の **思い**」は、現状に 向いている

3. 助動詞 **＋ have Vpp** ⇒ 「話し手の **思い**」は、過去のことに 向いている

A. ただし、「特定の時」を示す表現が付いていたり、文脈から「特定の時」に焦点が合わされていたりして、それが上の1.～3. の原則が示す時と異なるときは ⇒ 「話し手の思い」は、あくまでも「その特定の時のこと」に向いている。

では、この4つの原則を当てはめて、先ほどの12の英文を吟味してみましょう！

(1)（彼がヒトミさんを熱愛していることを聞いて） It*'ll be* true. 「特定の時」を示す表現が付いていないので、**助動詞 ＋ be** という2. の原則から、「話し手の思い」は「**現状**」に向いていることがわかります。「それはきっとほんとうだよ」というニュアンスです。

(2)（感動的な景色を目にして） You *should take* a photograph. **助動詞 ＋ 動作動詞**なので、1. の原則から、「話し手の思い」は「**これから先のこと**」に向いていることがわかります。「写真を撮ったらいいよ」というニュアンスです。

(3)（きのうのパーティーはほんとうに楽しかったよ⇒）
You *should have come* to the party.

助動詞 + have Vpp なので、3. の原則から、「話し手の思い」は「**過去のこと**」に向いていることがわかります。「きみは、そのパーティーに来るべきだったのに」という感じです。

(4)（何時にお伺いしましょうか⇒）
　　Well, we *will have finished* dinner by eight.　So ～
　　助動詞 + have Vpp ですが、by eight という表現が付いていて、**A の原則が当てはまる**ので、「話し手の思い」は「その特定の時のこと」となり「**これから先のこと**」に向いていることがわかります。ニュアンスとしては、「8時頃までに夕食は終わっているだろうから～」といった感じです。

(5)（彼はどこで暮らしているのかな？⇒）
　　He *might live* in Tokyo.
　　助動詞 + 状態動詞なので、2. の原則から、「話し手の思い」は「**現状**」に向いていることがわかります。質問も「現状」に焦点を合わせたものなので、助動詞の過去形が使われていますが、これでよいことが確信できます。ニュアンスは、「ひょっとすると東京に住んでいるかもしれないよ」といった感じです。

(6)（彼は3日前から、ずっとここにいるよ⇒）
　　He *can't have been* there yesterday evening.
　　助動詞 + have Vpp なので、3. の原則から、「話し手の思い」は「**過去のこと**」に向いていることがわかります。くっついている yesterday evening も、それと一致しています。ニュ

アンスは、「彼はきのうの晩、そこにいたはずはないよ」といった感じです。

(7) (それをメモしておかなくっちゃ⇒) I *could forget* it.
　**助動詞の過去形 + 動作動詞**というパターンは、**少し注意が必要**です。文脈をよく考慮して、**「これから先」目線で話しているのか、「過去」目線で話しているのかを見極める**ことが大切です。ここでは「それをメモしておかなくっちゃ」に続けて語っているセリフなので、1. の原則どおり、「話し手の思い」は**「これから先のこと」**に向けられていることがわかります。「内在する可能性の can」の過去形 could を用いて、可能性を控えめに表現しています。ニュアンスとしては、「もしかして、忘れてしまうかもしれないから」といった感じです。

(8) He *will be* a great musician in several years.
　見た目では、**助動詞 + be** なので「現状」に思いが向いていると感じられるかもしれませんが、in several years（数年後に）という表現があるので、**A の原則から**、「話し手の思い」は「その特定の時のこと」となり**「これから先のこと」**に向いているのがわかります。ニュアンスとしては、「数年後には、彼は絶対に偉大なミュージシャンになっているさ」といった感じです。

(9) If he hadn't been ill, he *would have come* to the concert.
　**助動詞 + have Vpp** なので、3. の原則から、「話し手の思い」

は「**過去のこと**」に向いているのがわかります。「もし病気でなかったとしたら、彼はそのコンサートに来ただろうに」といったニュアンスです。

(10) I *can go* shopping with you next Sunday.
**助動詞＋動作動詞**のパターンで、1.の原則から、「話し手の思い」は**「これから先のこと」**に向けられているのがわかります。next Sunday という表現も、それと一致しています。「次の日曜日には、きみといっしょにショッピングに行けるよ」といった感じです。

(11) He *must know* her.
**助動詞＋状態動詞**なので、2.の原則から、「話し手の思い」は**「現状」**に向いていることがわかります。「彼は彼女を知っているにちがいない」といったニュアンスです。

(12)（高校時代のことを話し合っている場面で）
　*I would (often / always) go* dancing in the hall.
**助動詞の過去形＋動作動詞**という**要注意のパターン**です。(7)でも考えたように、こうしたパターンは、**文脈をよく考慮**する必要があります。文脈では、高校時代のことが話題になっている場面なので、Aの原則から、「話し手の思い」は「その特定の時のこと」となり**「過去のこと」**に向いているのがわかります。それで、なつかしさを込めて、「そのホールに、よくダンスしに行ったものだよ」というニュアンスを伝えていることがわかります。

155

いかがでしたか。「話し手の思い」がいつの時点のことに向けられているかをキャッチするコツのようなものが、少しつかめてきましたか。

　あとは、今考えた原則をよく覚えておいて、くり返し助動詞表現に接する中で当てはめていって、ぜひ自分のものにしてほしいと思います。

## 5 助＋have＋Vpp が伝える2つのニュアンスとは？

さて、先ほどのところで**助動詞＋have Vpp**という形を頻繁に取り上げましたが、これは文法問題として、助動詞の分野では**もっともよく出題される項目の1つ**です。それでここで、助＋have Vpp（ジョ・ハヴ・ピーピー）の、**主な2つの用法**をまとめておきたいと思います。

**助＋have Vpp** の2つの主な用法とはどんなものか、具体的な例が何か思い浮かんできますか。

答えを簡潔に言うと、

**1つの用法は、「～たのに」残念！タイプ**（これを**タイプ1**とします）、そして **もう1つは、「～た」＋判断タイプ** です（これを**タイプ2**とします）。

では、**タイプ1**の中で、**最頻出のトップ3**といえる表現はどんなものでしょうか。皆さんは「～たのに（んー、残念！）」というニュアンスを伝えるどんな表現を思い出しますか。日本語で言うと、実は次のような表現です。

1. 「V すべきだったのに～（残念ながら実際には、しなかった）」
    例：私の自転車を利用する前に、きみは私にたずねるべきだったのに。

2.「V する必要はなかったのに〜（残念ながら実際には、してしまった）」

例：彼は急ぐ必要はなかったのに。

3.「V すべきではなかったのに〜（残念ながら実際には、してしまった）」

例：気分が悪い。そんなにたくさんのチキンを食べるべきではなかった。

　これは日本語でもよく言う表現ですよね！　では、英語ではどうなるでしょうか。

1. should have Vpp

　例：You *should have asked* me before you took my bike.

2. need not have Vpp

　例：He *need not have hurried*.

3. should not have Vpp

　例：I feel sick. I *should not have eaten* so much chicken.

（注意！　1. は、ought to have Vpp でも同様の意味。）

　では、**タイプ2**に移ることにしましょう！

　先ほどと同じように、タイプ2の**最頻出のトップ3**を、まず日本語で示したいと思います。英語にするとどうなるのかを、あわせて考えてみてください。

1.「V したにちがいない」

　例：だれも家にいない。外出したにちがいない。

## 2.「V したかもしれない」

例：ローズは電話に出なかった。眠っていたのかもしれない。

## 3.「V したはずがない」

例：彼はひじょうに遠くにいたので、きみが見えたはずがない。

では、対応する英語を示しますので、自分が考えたものと合わせてみてください！

### 1. must have Vpp

例：There's nobody at home. They *must have gone* out.

### 2. may have Vpp

例：Rose didn't answer the phone. She *may have been* asleep.

### 3. can't have Vpp

例：He was too far away, so he *can't have seen* you.

＃ この can't は、「可能性」の否定で、「〜はずがない」というニュアンス。

それぞれのタイプには他にもたくさんの表現がありますが、これらの3組をベースにして、どんどん応用を広げていってくださいね。

## 6 助動詞と助動詞もどき表現はどこがちがう?

　中学のとき、よく、will ＝ be going to とか、can ＝ be able to とか、must ＝ have to とか教わったことを覚えていると思います。
　でも、助動詞と助動詞もどき表現は、本当にイコールなのでしょうか。

　**ちがいます!**
　確かに似てはいますが、**焦点となっていることがちがう** のです!
　では、どのようにちがっているのでしょうか。

　**助動詞は**、「話し手の思い」を伝える表現だとずっと強調してきたように、**話し手の内的・主観的な思いに焦点を合わせた表現** です。
　それに対して **助動詞もどき表現は**、**周囲の外的・客観的な事柄に焦点を合わせた表現** といえます。

　少し例を挙げて考えてみましょう。
　たとえば、2人のクリスチャンがいて、それぞれ次のように言うとします。
1. I *must* go to church.
2. I *have to* go to church.
　どちらも礼拝に参加しようとは思っていますが、どちらの方が

熱心なクリスチャンという感じが伝わってきますか。

　**must** を用いたクリスチャンからは、**自分の内的な思い、「なんとしたって！」と突き動かす思いに駆られて**、「礼拝に**行かなければ！**」と語っている印象が伝わってきます。
　一方、**have to** を用いたクリスチャンは、**外的な事情**、たとえばまわりがみんなクリスチャンなので、行かないと白い目で見られるのではとか、なんらかの理由や状況があって、「礼拝に**行く必要がある**」という感じです（have to には、「仕方なしに」という感情的な含みもあります）。

　両者の意味合いのちがいは、否定形になると、さらにはっきりします。**must not** が、「**なんとしても！**」「**否定**」という感じで、「**〜してはならない**」というニュアンスを伝えるのに対して、**don't have to** の方は、「**必要がある**」を「**否定**」して、「**〜する必要はない／〜するには及ばない／〜しなくてもよい**」という全くちがったニュアンスになることからも、両者が焦点を合わせているものが異なっていることが、よくわかると思います。

　別の例として、末期的な病状の友人に対して、次のように語る場面を考えてみましょう！
1. You *will* get better soon.
2. You *are going to* get better soon.

　どちらも「きっとよくなる」と言ってはいるのですが、納得できる根拠にもとづいてより客観的に語っているのは、どちらでし

ょうか。また、主に自分の思いから、つまり主観として「絶対に良くなるよ」と言っているのは、どちらでしょうか。

　**ちゃんとした根拠があって、より客観的に語っている**のは be going to であることがわかりますね。そして外的根拠などなくても、友人として、**自分の内なる気持ちとして、主観的に「絶対よくなる！」と語っている**のが、will です。

　このように考えていくと、can よりも be able to の方が、**客観的に能力があることを強調**する表現なのがわかると思います。
　また、「**よく～したものだ**」というニュアンスを伝える、would と used to のちがいについても、もうわかりましたね。would は助動詞なので、**話し手自身の内の「なつかしい」と感じる思いを強く伝える主観的な表現**であるのに対して、used to の方は、**現在とはちがって以前はどうだったかを強調するより客観的な表現**なのです。

　ここまでのところで、助動詞と助動詞もどき表現のニュアンスのちがいについて考えてきましたが、こうした一般的な傾向を心にとめながら接していくと、話し手の微妙な思いや意味合いをつかむことがいっそう容易になるでしょう。
　そのようにして助動詞と助動詞もどき表現を味わい分け、それをぜひ楽しんでいただけたら、と心から願っています。

## 7 覚えておくとよい助動詞表現とは？

5つの主要な助動詞 will、can、must、may、should 以外で、TOEIC その他の試験を考えたときに最低限覚えておいた方がいい表現を、ここでまとめておきたいと思います。セクション4〜6で取り上げたものも含めて、整理してみましょう！

まず、助＋have Vpp の2タイプから、(セクション5を参照)

1. should have Vpp / ought to have Vpp ⇒ 「V すべきだった<u>のに</u>」
2. need not have Vpp ⇒ 「V する必要はなかっ<u>たのに</u>」
3. shouldn't have Vpp ⇒ 「V すべきではなかっ<u>たのに</u>」
4. must have Vpp ⇒ 「V し<u>た</u>にちがいない」
5. may have Vpp ⇒ 「V し<u>た</u>かもしれない」
6. can't have Vpp ⇒ 「V し<u>た</u>はずがない」

次に、would (often / always) V と used to V の区別も超頻出なので、覚えておきましょう！

7. would (often / always) V ⇒ (なつかしい気持ちで)「よく V したものだ」
8. used to V ⇒ 「(現在とはちがって) 以前はよく V したものだ／以前は〜だった」

　＃　特に used to V は超頻出なので、しっかり覚えておきましょう！　would (often / always) V は、V に関しては動作

動詞のみ OK ですが、used to V は、動作動詞も状態動詞も OK です。

助動詞もどき表現とその否定形も、よく問われるところなので注意が必要です。

それぞれの否定形の形がちがうので、**否定形がどうなるか**にも注目してください！

9. have to V　⇔　don't have to V（V する必要がある　⇔　V する必要はない）
10. had better V　⇔　had better not V（V した方が身のためだ　⇔　V しない方が身のためだ）
    ＃ この表現は特定の状況下で、そうしないと／そうすると、大変なことになるということを示唆する**忠告表現**なので、気軽に使うのは避けた方が無難でしょう。should の方は、一般的な状況下で、「V した方がいい」という日本語に近い感じで用いられる表現です。
11. ought to V　⇔　ought not to V（V すべきだ　⇔　V すべきでない）
    ＃ should よりも「当然」感覚が強い表現です。
12. would rather V　⇔　would rather not V（どちらかというと V したい　⇔　どちらかというと V したくない）
    ＃ would rather V1 〜 than V2 〜だと、「V2するくらいならV1する方がましだ」という意味合いになります。

12例挙げましたが、こうした表現をベースにして、今後さらに表現を広げていってください。これらは、始まりに過ぎないのです！

## 重点チェック・即答10問

(リミット120秒)

### 1. 助動詞は、何を伝えることばでしたか。
（解答） 客観的な事実ではなく、話し手の「思い」を伝えることば。

### 2. 助動詞の主な2つの用法は、何と何を伝えるものですか。
（解答） 話し手のいだいている「気持ちや意向」を伝えるものと、話し手のいだいている「確かさや可能性」を伝えるもの。

### 3. 助動詞 will、must、should の中心イメージはどんなものですか。
（解答） will は、「きっと！」というイメージ。must は、「なんとしたって！」というイメージ。should は、「当然！」というイメージ。

### 4. 助動詞 may、can の中心イメージはどんなものですか。
（解答） may は、「まあ〜」という半分受容のイメージ。
can は、内在している可能性を表し、「しえる／ありえる」というイメージ。

### 5. will、must、should の、主な2つの意味合いはどんなものですか。
（解答） will は、（きっと）「V します」と、（きっと）「〜だろう」。
must は、（なんとしたって）「V しなければならない」と、（なんとしたって）「〜にちがいない」。
should は、（当然）「V すべきだ」と、（当然）「〜のはずだ」。

6. may、can の、主な2つの意味合いはどんなものですか。

   （解答）　may は、（まあ〜）「V してもよろしい／ V してもよかろう」と、（まあ〜）「〜かもしれない」。
   can は、「V しえる／しようと思えば V できる」と、「〜でありえる／〜のこともある」。

7. 「話し手の思い」がいつの時点のことに向いているかを判断するための、大づかみな3つの原則とはどんなものですか。

   （解答）　助動詞＋動作動詞なら、これから先のことに向いている。
   助動詞＋be／状態動詞なら、現状に向いている。
   助動詞＋have Vpp なら、過去のことに向いている。

8. 助＋have Vpp の2つのタイプと、それぞれの代表例3つとはどんなものですか。

   （解答）　「〜たのに」残念！タイプ。
   代表例は、should have Vpp と need not have Vpp と should not have Vpp。
   「〜た」＋判断タイプ。
   代表例は、must have Vpp と may have Vpp と can't have Vpp。

9. 助動詞と助動詞もどき表現は、焦点がどのようにちがいますか。

   （解答）　助動詞は、話し手の内的・主観的な思いに焦点を合わせている。助動詞もどき表現は、周囲の外的・客観的な事柄に焦点を合わせている。

10. would (often / always) V と used to V は、どのようにちがいますか。

(解答)　would (often / always) V は、なつかしい気持ちで「よく V したものだ」。used to V は、「(現在とはちがって)以前はよく V したものだ/以前は〜だった」。

> ここでちょっとブレイク

## 英語のやさしいことば

**It is the first step that is troublesome.**
「たいへん ( やっかい ) なのは 最初のステップだけ」

何か新しいことに取り組もうとすると不慣れで経験もないこともあり、
最初は物事を組織したり、たえず改良や修正を加えたりする必要もあって、
とても苦労するものですよね

でも、土台を築くこのステップさえ乗り越えれば、
あとは驚くほど物事はスムーズに流れ進んでいくのではないでしょうか

「たいへんなのは当たり前」
あきらめることなく、前向きの気持ちでチャレンジしてみませんか

感覚 5

# 仮定法に
# 関する感覚

## この単元のねらい

　最初に1つの質問をしたいと思います。

　いつもほとんど欠かさずにある番組を見ている友人に、「もしおまえが、きのうあの番組を見ていたとしたら〜」と語りかけます。この「　」の中の表現を英語で言うなら、仮定法表現になりますか。

　別の質問です。「あのとき、おまえが助けてくれなかったとしたら（おれは今頃生きていられなかったかもしれない）」、この「　」の表現についてはどうですか。これは仮定法表現でしょうか。

　予備校でこうした質問をいくつか投げかけて手を挙げてもらうと、何が仮定法表現かに関して、かなりの**混乱やあいまいさ**があることに気づかされます。
　そして、**「仮定法は苦手だ」と感じている人のほぼ100パーセントが、「仮定法表現とは何か」という、この最初のところでつまずいてしまっている**のです。

　そこでこの単元では、まずこうした質問に対する答えを明確にします。そして次に、ネイティブがどのように仮定法表現をするかについて考えていきましょう。それらの過程で、**仮定法表現の正体や仮定法独特の表現や特徴**がはっきりわかってくるなら、「仮定法って意外に簡単だね！」と、**仮定法がいっきに得意分野**

**に変化すると思います。**

　それと同時に、なんでも率直に語ると思われているネイティブのコミュニケーションについての意外な面に気づかされることでしょう。**仮定法表現**には、それを意思疎通の**潤滑油やクッション**のように用いて、思いやりをもって柔らかく意思を通わせる側面もあるのです。

　ではさっそく、大切なことから順に、1つ1つ確認していくことにしましょう！

# 1 仮定法表現ってどんなもの？

　簡潔に言うなら、仮定法表現とは、**「現実離れしたことを取り上げている表現」**です。
　そうです！「ありえる」ことではなく、**現実離れしたことを想像して取り上げている表現**なのです。

　**もう少し具体的に言うと**、すでに起きている**過去や現在のことであれば、事実に反すると思えること**を取り上げているのが仮定法表現であり、**これから先のことであれば、ありえない、ありそうにないと思えること**を取り上げているのが仮定法表現と言えるのです。

　いかがでしょうか。単に起こりえる（ありえる）条件を述べているだけの文と、仮定法表現の文とのちがいが区別できましたか。
　では、こうした観点から、「この単元のねらい」のところで取り上げた2つの例について、もう一度考えてみることにしましょう。

　最初の例は、過去のことを述べているものでしたが、ふだんよく見ている番組について、「もしおまえが、きのうあの番組を見ていたとしたら〜」というものでした。これは、「事実に反すること」を取り上げた表現でしょうか。それとも「ありえること」を取り上げた表現だと思いますか。
　それは、明らかに**「ありえること」**を取り上げたものでした。

料金受取人払郵便

牛込局承認

7792

差出有効期限
平成30年2月
11日まで

(切手不要)

郵便はがき

# 162-8790

東京都新宿区
岩戸町12レベッカビル
ベレ出版

　　読者カード係　行

| お名前 | | 年齢 |
|---|---|---|
| ご住所　〒 | | |
| 電話番号 | 性別 | ご職業 |
| メールアドレス | | |

個人情報は小社の読者サービス向上のために活用させていただきます。

ご購読ありがとうございました。ご意見、ご感想をお聞かせください。

● **ご購入された書籍**

● **ご意見、ご感想**

● 図書目録の送付を　　　　　　　　□ 希望する　　□ 希望しない

ご協力ありがとうございました。
小社の新刊などの情報が届くメールマガジンをご希望される方は、
小社ホームページ（https://www.beret.co.jp/）からご登録くださいませ。

**ですから、これは仮定法表現ではありません。**

では、2番目の例については どうでしょうか。

2番目のものは、「あのとき、おまえが助けてくれなかったとしたら〜」というものでした。これもやはり、過去のことなので、「ありえること」を取り上げているのか、それとも事実に反する「反実のこと」を取り上げているのか、と問いかけることができます。

答えは明らかです。実際には「助けてくれていた」のです。ですから、**「反実のこと」を取り上げているので、これは「仮定法表現」**ということになります。

このように、**過去のこと** や **現在のこと** であれば、**仮定法表現**であるか、単なる条件を述べた表現であるかは、**話し手の目から見て**、「反実のこと」なのか、「ありえること」なのかによって、基本的に 見分けることができます。

現在のことについても例を挙げてみます。たとえば、実際には告白する**勇気を持っていない**のに、「もし**勇気があれば**、(彼女に愛を告白するのに)」というような場合には、現在の事実に反することを想像して述べているので、仮定法表現といえることがわかりますね。

一方、**それらしい感じが見える**状況で、「彼女が**もし、ぼくを愛してくれているとしたら**、(天に昇るくらいうれしいよ)」というのは、**「ありえること」**なので、単なる条件を述べている表

現だといえます。

　では、過去でも現在でもない、**これから先のこと**についてはどうでしょうか。先のことはどうなるかもわからず、まだ物事が**事実として定まっているわけでもありません**。
　こうしたケースでは、**いったい何を指針**としたらいいのでしょうか。

　どうぞ、最初に述べた基本に立ち返ってみてください。
　**基本は、話し手の目から見て「現実離れのこと」なのかどうか**です！

　そこで、このセクションの冒頭のところで述べたように、**話し手の思いの中で**、それは「ありえない」、あるいは「ありそうにない」と、ある事柄を捉えているなら、「現実離れ」の仮定法表現を使うことになります。
　一方、**話し手の思いの中で**、それは「ありえる」と感じているなら、**単なる条件を述べる表現**を用いることになるのです。

　例を挙げてみましょう！　たとえばごく一般的な状況で、「もし、あした雨が降ったとしたら」ということを英語で述べようとしたときには、これは「ありえる」ことなので、話し手はきっと単なる条件を述べる表現を用いることになるでしょう（If it rains tomorrow, という具合に）。
　しかし、あしたは太平洋高気圧にすっぽりおおわれて、どの天気予報でも「快晴です！」と報じている状況があるとしたなら、

「もし、あした雨が降ったとしたら」という同じ表現であっても、話し手の側の、「ありそうにない」という思いに従って、仮定法表現に変えられることが十分にありえるわけです。

　仮定法表現において注意してほしいことが、もう1つあります。それは、**仮定法には必ず if が伴うという誤解** を決してしないでほしいことです。
　**仮定法＝if、if＝仮定法ではな いのです！**

　たとえば、It's time you went to bed.（もう寝ている時間だぞ）という表現も、立派な「仮定法表現」ですし、また同様に、I wish he loved me.（彼が私を愛してくれていたらなあ）という表現も、立派な「仮定法表現」なのです。

　ところで、今取り上げた2つの英文には、仮定法としてのどんな共通点があったか、気づかれたでしょうか。
　そうです、どちらにも共通しているのは、事実に反する、**「反実のこと」を取り上げている**という点です。最初の文は、今は起きているのが現実なのに、「おまえは今はもう寝ている時間だぞ」と事実に反することを取り上げ、2番目の文も、彼が自分を愛していないのが現実なのに、「私を愛していてくれたら」と、事実に反することを取り上げているのです。
　ですから、これは大切なことですが、**両方とも、if はなくても、反実のことを述べていたので、立派な「仮定法表現」**だといえるのです。

いかがでしたか。どんな表現が「仮定法表現」なのか、すっきりと整理がついたでしょうか。
　そうです！　ひとことで言えば、話し手から見て、「反実」であれ、「ありえない」ことであれ、**「現実離れのこと」を取り上げた表現なら**、**それはすべて、「仮定法表現」**ということでした。
　この点をどうぞ、しっかりと銘記しておいてくださいね。

## 2 「現実離れ」をネイティブはどう表現する?

　仮定法表現が「現実離れ」のことを表現しているのがわかってくると、次に問題になるのが、**ネイティブは「現実離れ」をどう表現するのか**、ということです。

　<u>「ありえる」ことを述べるときには、ネイティブは基本的にはそのままの時制を用います</u>（ただし、将来のことについては、事実前提の表現に関しては、if 節の中では現在形を用います。詳しくは、「時制」の単元の「現在形」のところをごらんください）。

　たとえば、「もし、あなたが好んでいるとしたら」は、そのまま現在形を用いて、if you <u>like</u>, となりますし、「きのう彼が授業に出ていたとしたら」は、if he <u>was</u> in class, と、そのまま過去形を用いることになるわけです。

**　では、「現実離れ」の仮定法表現では、どうなのでしょうか。**

　**仮定法表現** では、必ず「時制」を、ふだん使っている形よりも **1つ古い方にずらす** ことになります。

　具体的に言うと、**現在の事実に反することを述べるとき**には、**過去形**を用い、**過去の事実に反することを述べるとき**には、大過去と呼ばれる用法を持つ**過去完了形**を用いるというぐあいにです。

先ほど、現在寝てはいないのに、事実に反することを述べる表現として、It's time you *went* to bed.（もう寝ている時間だぞ）という例を挙げましたが、ここで過去形が使われているのは、実際にはまだ起きていて寝てはいない状況なので、**「ここで述べているのは、事実からかけ離れていることだが〜」という意識から、「へだたり」を伝える「過去形」が用いられているわけです。**

　このように、 時制を古い方に1つずらす 操作には、**事実から「かけ離れている」**というネイティブの感覚が反映されていることが、おわかりいただけたでしょうか。

では、ここで1つ問題を出してみたいと思います。
　「彼（日本人の一郎くん）は、まるでアメリカ人のように流ちょうに英語を話します」という日本語を英訳するとしましょう。
　この中の「まるでアメリカ人のように」という表現は、英語に直すときには、「現在形」にすべきでしょうか。それとも「過去形」にすべきでしょうか。

　答えは、「過去形」です！
　なぜなら、一郎くんは、現在日本人であって、アメリカ人ではないからです。それで、事実に反することに言及しているその部分は、「反実」の仮定法表現となり、それゆえに時制を1つ古い方にずらして、現実とのへだたりを表す必要があるわけです（英語ではその部分は、as if he *were* an American となります）。

178

仮定法表現では、このように was よりも were が好まれる傾向があります。

　いかがでしょうか。仮定法表現の大切な特徴である、**「時制」を古い方にずらす**という点については、十分に理解できたでしょうか。

## 3 仮定法表現の基本パターンとはどんなもの?

　ここまでのところで、**事実とかけ離れたことに言及するときには、その現実との「へだたり」感覚を伝えるために**、ネイティブは**時制を古い方に1つずらす**ことを考えました。

　加えて、**if があろうとなかろうと、話し手から見て、事実とかけ離れていることを取り上げた表現はみな、「仮定法表現」と呼ぶ**ことについても考察できました。

　基盤となることが整ってきたので、ここで、**if 節＋主節** という仮定法のもっとも基本的なパターンについてまとめてみたいと思います。

　皆さんがよくご存じの、「**～としたら（if 節）、～だろう（主節）**」というパターンのものです。

　さっそく、これから3つの場面に分けて考えてみることにしましょう！

　独自の呼び方ですが、今後、現在の事実に反することは**「現・反」**、過去の事実に反することは**「過去・反」**、これから先の「ありえないこと／ありそうにないこと」は、**「非現実的未来」** と、それぞれを呼ぶことにしますので、どうぞご了承ください。

　では、その3つに分けて、それぞれの基本パターンを確認していきますね。

## 1.「現・反」(「もし今～としたら、～だろうに」) の場合
  If　S'　Vp　～, S　would V　～.

例：If I *knew* her number, I *would call* her.
　　もし電話番号を知っていたら、彼女に電話するだろうに（知らないので電話できない）。

\# would 以外に、could や might も使われます。should はまれです。
　　could V だと「V できるだろうに」、might V だと「V するかもしれない」といったニュアンスになります。以後は、would だけを代表として取り上げます。

\# 主節の中で助動詞の過去形を用いるのは、if 節で取り上げている事柄が非現実的なものなので、生の助動詞を用いて話し手の判断を表すのがはばかられるためです。話し手の判断を控えめに表す過去形が用いられていることを、どうぞ見逃さないでください。

## 2.「過去・反」(「もしあのとき～としたら、～しただろうに」) の場合
  If　S'　had Vpp　～, S　would have Vpp　～.

例：If I *had been* hungry, I *would have eaten* something.
　　もしおなかがすいていたなら、何か食べただろうに（すいてなかったので食べなかった）。

\# 主節が、助 + have Vpp となっているのは、話し手の思い

が過去のことに向けられているからです。助動詞が過去形になるのは、先ほどと同じ理由です。

### 3.「非現実的未来」 ＃ 3つに場合分けしてつかみましょう！

A. 仮の想定
(「もし仮に〜としたら／としても、〜だろう」)
If　S'　were to V　〜，　S　would V　〜．

例：If the police *were to catch* him, he *would spend* at least three years in prison.
仮に警察が彼を捕まえたとしたら、彼は少なくとも3年の禁固刑になるだろう。

＃ この were to V は、be to V（「予定」などを表す）という表現の時制を1つ古い方へとずらしたものです。

B.「ほとんどないだろう」感覚
(「もし〜というようなことがあったとしたら、〜だろう」)
If　S'　Vp　〜，　S　would V　〜．

例：If I *became* president, I *would save* the plight.
もし私が大統領になるようなことがあったとしたら、その窮状を救うだろうに。

＃ 事実前提で単なる条件を述べる場合は、未来のことでも現在形を用いますが、この文は、時制が1つ古い方へとシフ

トしたものです。

## C.「万が一」感覚（わずかながら可能性を感じている）
（「万一〜としたら、〜だろう　か　Ｖしてください」など）
If　S'　should V　〜,　S　would / will V　か　**命令・依頼表現**

例：If you *should be* in our town, *drop in* and *see* us.
万一私たちの町に来ることがあったら、私たちに会いに立ち寄ってくださいね。

\# この、should を用いた if 節は、上の例のように主節が命令文や依頼表現になることが多く、また主節の中に will を用いることもよくあります。そのように主節の中に助動詞の過去形を用いないことからも if 〜 should という表現は常に仮定法表現とは言い切れないことがわかります（厳密な言い方をすれば、主節が would で応じているなら仮定法表現と言えます）。

さて、いかがでしょうか。
　仮定法表現の基本パターンを、「現・反」「過去・反」「非現実的未来」に分けて考えてきましたが、整理はつきましたか。

　大切なのは、次の2点でした。

> 1. 反実や非現実的なことを取り上げる if 節の中では、時制が1つ古い方へシフトする。
> 2. 主節では、反実や非現実的なことへの判断を述べることになるため、助動詞の過去形を用いて、控えめな形で判断を述べることになる。

整理がつきにくい方は、この2点に注目して、くり返し見直してみてください。以上は、基本パターンでしたが、TOEIC 試験や入試では俗に「ねじれ」と呼ばれているような形もよく出題されるので、最後に取り上げておきます。

「ねじれ」とは、以下のようなもの です。
(「もしあのとき~としたら、今~だろう」)
If  S'  *had Vpp*  ~,  S  *would V*  ~  now / today .

例：If you ***had taken*** my advice, you ***wouldn't be*** in such trouble ***now***.
（あのとき）私の助言を聞いていたら、今そのような困った事態にはなっていないでしょう。

\# こうした「ねじれ」のときには、if 節が had Vpp であるにもかかわらず、主節は would V で応じています。こうしたケースでは、主節に必ず now や today などがあるはずなので、それを見逃さないようにして、問題に対応しましょう！

# 4 | 倒置による if の省略とは？

先ほどのセクションで考えた基本パターンにおいて、**倒置により if を省略できるケース** があります。それは、**どんな場合**でしょうか。

それは、**if 節の主語のあとに、had、were、should が来るとき** です。それ以外のケースでは、倒置による if の省略はできません。

例を挙げてみましょう！
**これはとてもあらたまった、丁寧な表現** なので、ホテルの従業員がお客様に対して用いたり、企業が顧客に対して用いたりといった場面でよく見かけます。たとえば、こんな感じです。

*Should* you *have* any complaints about the product, return it to the shop.
万が一製品にご不満がございましたら、お店にご返品ください（= If you should have 〜）。

別の例も挙げてみます。

*Were* he *to arrive* today, there would be nowhere for him to stay.
仮に彼がきょう着くとしたら、彼が泊まる場所はどこにもないだろう（= If he were to arrive 〜）。

*Had* you *not rushed* her to the hospital, she would have died.
もしあなたが彼女を急いで病院に運んでくれていなかったら、彼女は死んでいただろう（＝ If you had not rushed 〜）。

このように、意味としてはふつうに if を用いる場合と差異はありませんが、倒置によって if を省略した表現は、**より丁寧であらたまった表現**になるということは、記憶しておいてくださいね。

## 5 would、could などを見たときの注意点とは？

if 節がないのに、文中に would、could などが現れる場合は、どんなことに注意したらよいのでしょうか。

そんなときは、**主語部分や副詞表現に、if のニュアンスが含まれていないかどうかを確認する** といいでしょう。

ここでいう「**副詞表現**」とは、時や場所を表す語句や、otherwise（「さもなければ」）、前置詞句（without ～ や but for ～ も含む）、不定詞句、分詞構文などが主なものです。

また、「**主語部分**」という言い方は、主語や、後置修飾を含む主部を念頭に置いています。

では、いくつかの例をいっしょに見てみましょう！

1. It *would* be nice *to buy a new car*, but I can't afford it.
   〈**不定詞句**のケース〉
   新しい車を買えたらいいのだが、買う余裕がない。

2. *With a little more effort*, you *would* have succeeded.
   〈**前置詞句**のケース〉
   もう少し努力していたら、きみは成功していただろうに。

3. *Priced a little lower*, these PCs *would* sell well.
   〈**分詞構文**のケース〉
   もう少し値段を下げれば、これらのパソコンはよく売れるだ

ろう。

4. *A hundred years ago*, her son *couldn't* have been cured.
〈**時を表す語句**のケース〉
100年前だったら、彼女の息子は治らなかっただろう。

5. It *would* be absolutely unthinkable *in Japan*.
〈**場所を表す語句**のケース〉
日本だったら、それは全く考えられないことだろう。

6. I was in a hurry when I saw you. *Otherwise* I *would* have stopped to talk.
きみを見かけたとき、私は急いでいたんだ。さもなければ、立ち止まって話をしただろう。

7. *A true friend wouldn't* have done such a thing.
〈**主語**のケース〉
本当の友だちだったら、そんなことはしなかっただろう。

感じがつかめましたか。

文中に would、could がある時にはいつでも主語や副詞表現に if の意味が込められている、とは限りません。しかしその意味が含まれていることは意外に多いので、十分に注意しておきましょう。

# 6 覚えておくとよい仮定法表現とは？

ここで、最低限覚えておいた方がよい**その他の表現**をまとめてみます。

セクション3や4で取り上げた基本パターンと倒置形は、ぜひしっかりと自分のものにしておいてください。ここではそれ以外の、試験によく出る表現を取り上げておきます。

1. I wish + S　Vp ~（「S が~たらいいのになぁ」〈現反〉）
2. I wish + S　had Vpp ~（「S が~したらよかったのになぁ」〈過去反〉）

3. as if / though + S　Vp ~（「まるで~のように」）
4. as if / though + S　had Vpp ~（「まるで~したかのように」）

5. It is [about / high] time + S　Vp ~（「S が V してもいい頃だ」）

6. 「もし~が（今）なかったとしたら」〈現反〉
   ① without ~　② but for ~　③ if it were not for ~
   ④ were it not for ~
   ＃ ②は堅苦しい書き言葉表現。　　＃ ④は③の倒置形。

7. 「もし〜が（あのとき）なかったとしたら」〈過去反〉
   ① without 〜　② but for 〜　③ If it had not been for 〜
   ④ had it not been for 〜

8. with 〜「〜があったとしたら」〈現反・過去反〉

9. otherwise「さもなければ」（前の文の内容を受けて用いる）

10. 提案・要求・主張・命令系の動詞 ＋ that S（should）V 〜
    ＃ これは「仮定法現在」と呼ばれるあらたまった表現です。**that 節に先立つ動詞が過去形であっても（たいてい過去形ですが）、that 節はそれに影響されずに、should V か V（原形）となります。試験にも頻出の表現**です。アメリカでは主に原形が使われ、should V は、イギリスで主に見かける表現です。試験に出るのは、多くが that 節中に原形が使われるケースです。実例を示します。
    He suggest**ed** that we **go** out for dinner.
    彼は夕食に出かけようと提案した。
    ＃ suggest、propose（提案する）／demand、require（要求する）／insist（主張する）／order（命令する）などは、よく覚えておきましょう！

# 7 仮定法を用いるネイティブの「こころ」とは?

冒頭の「この単元のねらい」のところで、**仮定法表現というのは、思いやりを持って柔らかく意思を通わせる、「潤滑油」のような役割を果たすことがある** ことに触れました。

実際、相手とのコミュニケーションにおいて、余りにもストレートに表現してしまうと、角が立ったり感情を害したりしかねない状況というのは、よくあるのではないでしょうか。

仮定法表現は、**依頼や断り、助言や提案**を述べるときなど、ともすると感情を害しかねない場面で、**柔らかい印象を与え、敬意や品位も感じさせる** ので、コミュニケーションの「潤滑油」として **なくてはならない表現の1つ** といえます。

では、ネイティブが日常的に、様々な仮定法表現をどのように用いているかを、少し見てみましょう!

## 1. 何かを依頼したり頼みごとをするとき

家族や親しい友人どうしのあいだであれば、「窓を開けてくれる?」と頼みたいときには、Open the window (,please). とか、Will you open the window? と言っても差し支えはないかもしれません。しかしそれ以外の場面においては、もちろん語調にもよりますが、上のような言い方は、失礼な印象を与える可能性があります(特に中学時代に習った、Will you ~ ? という表現は、か

なりぞんざいな印象を与えることがあるので注意が必要です）。

　ではどんな表現を用いれば、角を立てずに柔らかく、自分の気持ちを伝えることができるのでしょうか。
　よく耳にする **Would you V～?** や **Could you V～?**（どちらも「よろしければVしていただけますか」）という表現は、この点で安心して使えるものと言えます。また、**Could you possibly open the window?**（恐れ入りますが、もし差し支えなかったら窓を開けていただいてもよろしいでしょうか）とすると、なおいっそう丁寧であらたまった印象を与えるでしょう（Would you possibly～?は不可です）。

　この、**wouldやcouldを用いた表現**は、「もし差し支えなかったら」とか「もし、かなうのであれば」というニュアンスを含んだ **仮定法的な表現** であり、**とても優しく上品に相手の耳に響きます。**
　背景としては、もともと would や could は、「**現実離れして可能性のほとんどない**」ことに対して、**控えめに話し手の気持ちや判断を述べるときに用いることば**なので、そこから「もし許されることなら⇒もし差し支えないのであれば／もし、かなうのであれば／もし、よろしければ」という気持ちが底辺に込められ、控えめな仕方で話し手の意向や願いや判断などを表していることが理解できます。**そしてその「控えめ」感覚から、丁寧さや上品さや敬意がかもし出されている** のです。

　このような would、could を用いた依頼表現は、まだいろ

いろあるので、よく用いられるものをもう少し挙げてみます。**Would you mind Ving〜?**（もし差し支えなければVしてもかまわないでしょうか）／**Could I ask you to V〜?**（よろしければVするよう、あなたにお願いできますでしょうか）／**I was wondering if you could V〜**（もしかすると、あなたがVしてくださるかもしれないと、考えていたのですが）／**Do you think you could V〜?**（ひょっとすると、（あなたは）Vできるかもしれないと思われますか）などがあります。どれもとても丁寧で品のある表現なので、ぜひ積極的に使ってみてくださいね。

　もし、こうした依頼表現に、さらに丁寧さを加えたいと思う場合には、次のような表現のどれかを添えることができます。
　① **Perhaps**（ことによると）を文頭に付ける。
　② **for me**（私のために／私の代わりに）を文末に付ける。
　③ **if you don't mind**（もし、かまわないようでしたら）や **if you would**（もし望まれるなら）や **if possible**（可能でしたら）を添える。

　このようにするなら、いっそう上品で柔らかなタッチの表現となるでしょう。
　たとえば、Could I ask you to give it to Tom for me?（よろしければ私に代ってトムに差し上げてくださるようお願いできますでしょうか）といった具合です。
　組み合わせとしては、多少のニュアンスのちがいはありますが、どうかあまり神経質にならずに、ぜひ積極的に依頼表現に添えてみてください。

**2. 相手に許可を求めるとき**も、ぶっきらぼうな言い方は極力避けたいと思います。

　よく使うものに、Can I … ?（V してもいい？）という表現がありますが、これだと少しくだけた印象を与えてしまいます。人によってはムッとしてしまうかもしれないので、先ほど出てきたwould を用いて、たとえば **Would you mind if I** use the pen ?（そのペンを使わせていただいても差し支えありませんか）とすると、とても感じよく受けとめてもらえるにちがいありません。

　**Could I V … ?** や **May I V … ?**（どちらも「V してもよろしいでしょうか」）も、もちろんとても丁寧な表現なので、距離のない間柄以外でも安心して用いることができるでしょう（日本語でもそうですが、ごく親しい人たちのあいだでの、あまりにも丁寧な表現は、逆にそらぞらしい印象を与えたり、怒りや皮肉が込められているように誤解されたりすることもあるので、互いの距離感にも注意してくださいね！）。

**3. 相手に要望を述べるとき**にも、しかるべき敬意を込めるのは、大切なことですね。

　たとえば、ある電気製品の操作方法がわからなくて、店員さんに説明してもらいたいときに、Please explain how to handle it.（どうか扱い方を説明してください）でも悪くはありませんが、これではちょっと押しの強さと敬意を欠いた印象を与えてしまうかもしれません。

　そのようなときには、先ほど取り上げた would や could を使っ

てみませんか。たとえば、**Could you please** explain how to handle it ?（よろしければ扱い方を説明していただけますか）と言えば、店員さんもきっと喜んで説明してくれるでしょう。

　また、敬意のこもった別の言い方として、**Would it be possible to** explain how to handle it ?（扱い方を説明していただくことができるでしょうか）なども用いられるかもしれません。
　# この表現の中の it は、形式主語と呼ばれるもので、to 以下が主語の内容となっています。

　**Do you think you could V … ?**（ひょっとすると V できるかもしれないと思われますか）という表現も、とても丁寧で、柔らかく上品な言い回しです。使ってみることをお勧めします。

**4. 相手に提案を述べるとき**にも、丁寧さの度合いを上手に量る必要があります。

　たとえば、女性に近づいて店がどこにあるのかをたずねるように提案したいときには、皆さんならどんな表現を用いるでしょうか。
　相手がごく親しい人でないとしたら、Ask her where the shop is.（彼女に、その店がどこにあるかたずねて）という言い方は、語調にもよりますが、少しぞんざいな響きを与えてしまうかもしれませんね。
　では、敬意を込めて提案を伝えるには、どんな表現を用いることができるでしょうか。

意外かもしれませんが、**You might (want to) ask her where the shop is.** や **You could** ask her where the shop is. (どちらも、「よかったら彼女に、その店がどこにあるかたずねてもらえますか」) などは、とても丁寧な表現なので、どんなときでも使える言い方です。ほかにも、**It might / would be better for you to V ~** (もしあなたが V してくださるなら、ベターなのですが) なども丁寧な表現です。

　might as well V という表現を思いついた方もいるかもしれませんが、これは、「V してもしなくても大差ないけど、仕方がないから V でもしてみるか」という、気乗りしない中での究極の選択といった感じが伝わる表現なので、注意してください。英語ができる受験生などがしばしばまちがえて使う傾向があります。

　加えて、You had better V は、助動詞の単元でも述べましたが、「しないと大変なことになる」というニュアンスを暗に含んだ表現なので、丁寧さはゼロです。一方、should V は丁寧でもくだけた感じでもない中立的な表現で、had better V よりも用いやすいといえるでしょう (詳しくは、どうぞ感覚4を参照してください)。

　もちろん「依頼」で扱ったいくつかの表現も、場面に合わせて使うことができます。

**5. 相手に断りを述べるとき**も、大いにデリケートさが求められる場面ですね。

　たとえば、知り合いから夕食会に招かれて断らなければならな

いときに、皆さんならどんな表現を使いたいと思いますか。

　すぐに思い浮かぶのは、おそらく **I'm sorry, but I can't.** や **I'm afraid I can't.** といった表現かもしれません。これはどちらも「すみませんが、できないんです」という気持ちが表されていて、とてもよく用いられる「安心・安全表現」ですが、たとえどちらの表現を使う場合でも、そのあとに忘れずに理由を言い添えるといいでしょう。

　ほかにもどんな表現を用いて、「柔らかく」断ることができるでしょうか。

　would、could、might などを使った表現はいかがですか！

　たとえば、**I wish I could, but ～**（できればいいなと思っているのですが～）とか、**I'd rather not.**（どちらかというと、したくはないんです）と柔らかく述べてから、交渉していく手もあります。I wish I could.（できたらよいのですが）という表現はこれだけで、やんわりと「望んでいるけど応じられない」という気持ちを伝えることができますが、大切なのはどんな表現を用いるにしても、理由を言い添えるのがマナーであることです。そこをにごしてしまうのは逆に失礼となるので、ぜひとも、思いやり深く、しかし率直に語るようにしましょう！

　**仮定法の「こころ」**ということで、**コミュニケーションに潤いと柔らかさを添える**仮定法表現について、特に控えめに話し手の気持ちや判断を伝える would、could、might を中心に、ネイ

ティブが日常よく用いる様々な表現を考えることができました。

　**仮定法表現は日常生活でとてもよく用いるもの**です。意見を交わし合うようなときでも、if I were you（私があなただったとしたら）とか、if you were in my position（あなたが私の立場だったとしたら）などは、決まり文句として頻繁に登場します。
　意見や感想を述べるときにも、とても短い表現ですが、I would.（私だったら、するでしょう）／I wouldn't.（私だったら、しないでしょう）／それ以外にも、I could.（私だったらできると思います）やI couldn't.（私だったら、とうていできないでしょう）など、様々な表現をネイティブは用いています。
　ぜひこの機会に、様々な仮定法表現に親しんでみてくださいね！

　それでは、この単元で学んだことを少し思い起こしてみましょう！

# 重点チェック・即答10問

(リミット100秒)

1. 仮定法表現とはどのようなものでしたか。
   (解答) 話し手の目から見て、現実離れのこと(反実やありそうにないこと)を想像して述べている表現。

2. そのように、現実離れしたことを想像して述べるときに、ネイティブはその感覚を、どのような仕方で表現していますか。
   (解答) 動詞の時制を1つ古い方にずらすことによって、現実とのへだたりを表している。

3. 「現・反」のときの基本パターンはどのようなものですか。
   (解答) If S' Vp ～, S would V ～.

4. 「過去・反」のときの基本パターンはどのようなものですか。
   (解答) If S' had Vpp ～, S would have Vpp ～.

5. 「非現実的未来」を表す3つのパターンとは、どのようなものですか。
   (解答) 仮の想定： If S' were to V ～, S would V ～.
   ほとんどないだろう感覚： If S' Vp ～, S would V ～.
   「万が一」感覚： If S' should V ～, S would V / will V ～ または命令・依頼表現

6. 「ねじれ」と呼ばれているパターンとはどのようなものですか。

（解答）　「もしあのとき〜としたら、今〜だろう」という表現パターンで、If S' had Vpp 〜, S would V 〜 now/ today.

## 7. 倒置によって if を省略できるのは、どんな場合でしたか。

（解答）　if 節の主語のあとに、had、were、should が来るときに、主語とそれらの表現とを入れ替えることによって if を省略できる。

## 8. if 節がないのに、文中に would、could などがあるときには、どんなことに注意することができますか。

（解答）　主語部分や副詞表現に、if のニュアンスが含まれていないか確認するといい。
　　　　〈参考〉項目7で考えたような、控えめに気持ちや判断を伝える would、could、might もよく登場するので、混同しないようにしてくださいね。

## 9. 「もし今〜がなかったとしたら」という意味を伝える表現を、1語・2語・4語・5語で、それぞれ示すことができますか。

（解答）　1語：without 〜／　2語：but for 〜／
　　　　4語：were it not for 〜／　5語：if it were not for 〜
　　　　〈参考〉if it had not been for 〜 も、同様にして、1語・2語・5語で言い換えられるようにしておきましょう）

## 10. どんな動詞の that 節に、述語動詞が過去形でも原形や should V を用いますか。

（解答）　提案・要求・主張・命令系の動詞。

〈参考〉「養命酒に決定！」という覚え方もあります。要求・命令・主張・決心・提案の頭文字を取ったものですが。

> ここでちょっとブレイク

## 英語のやさしいことば

**Live, as if you were to die tomorrow.**
「あたかも明日死ぬかのように生きなさい」

明日死ぬということがはっきりわかっていると、
人は今日という一日に、限りない輝きと重さを感じ
悔いが決して残らないように一日を生き抜こうとするかも
しれません

価値ある志や熱い思いを持ちながら、
ときには今日という一日を
まるで燃えつくすようにして生きてみるのはどうでしょうか

感覚 **6**

# 冠詞・名詞に関する感覚

## この単元のねらい

　冠詞と言うと、名詞に付くことばで、名詞が決まってこそはじめて冠詞も決まるという印象を持つ方も多いかもしれません。でも実際には、**冠詞は名詞よりも前に述べられることばで、名詞を選ぶ前に、ネイティブの意識の中ではある判断がなされ、まず冠詞が選ばれている**のです。実際にあなたも、a とか the と言ったあと、しばらく口ごもって、次に来るふさわしい名詞を探しているネイティブの姿を見たことがあるのではないでしょうか。

　この単元では、そこを考えてみましょう。

　<u>a</u> や <u>the</u>、<u>無冠詞</u>には、いったいどんな感覚が込められているのでしょうか。そして、それらを上手に使い分けるには、冠詞とチームになっている**名詞**に対するネイティブの感覚や捉え方を知ることが、どうしても必要となってきます。**冠詞が先に来るとはいえ、冠詞と名詞とで一体となり、その組み合わせによって、いろいろな異なるニュアンスを伝えることができる**からです。

　たとえば、単に<u>一般的なこと</u>として「人は経験を通して学んでいくものだ」と語るときの「経験」が、<u>experience</u> を使うのに対して、実際の<u>具体的な体験</u>として「私は〜経験をした」と語る

ときの「経験」は、**an** experience を用いる感覚。あるいは、形がある1羽の「ニワトリ」を **a** chicken と述べるのに対して、形が意識されない「鶏肉」は、無冠詞の chicken と述べる感覚。そのような**区別を引き起こしている感覚や意識がどんなものなのか**についても、この単元からともに考えていきましょう。

　加えて、一般的に固有名詞以外のあらゆる名詞に付けられる **the の感覚とは、どんなものなのか**、そしてよく名詞に付いて現れる some や any に関しても、**ネイティブがそれぞれの語をどんな感覚で使っているのか**（some が否定文や疑問文になると any に変わるのでは決してありません）なども、取り上げていきたいと思っています。

　それではまず、a と the の根底にある感覚や意識に注目しましょう！

## 1 | a と the ってどうちがう?

　では最初に、a について考えてみましょう！　a の感覚とは、簡単に言うと、どんなものなのでしょうか。

　**a の感覚** は、「**one、two、three 〜と数えるときの one の感覚**」と言えるでしょう。なぜなら、a という語は an から生まれた語で、その同じ an から one も生まれているからです。
　ですから、**a と one は、同じ「親」から生まれた「きょうだい分」**と言えるわけです（そういえば「1／1つの」は、フランス語でも un、スペイン語でも uno といい、英語の an によく似ていますね）。
　では、「**one、two、three 〜と数えるときの one の感覚**」とは、具体的に、どんなことを表しているのでしょうか。それを、いっしょに考えてみましょう！

### 1.「one、two、three …と数えるときの one の感覚」には、「区切りや境界の感覚」が含まれています

　たとえば、次のようなもの（雪だるま）を数える場面を考えてみてください。

| 🌨️🌨️🌨️、☁️ 形がくずれた「ぐちゃ」、🌨️🌨️🌨️ |

206

いかがでしょうか。1、2、3…と数えて、「あっ」と思ったのではありませんか。この「ぐちゃ」はどうしよう、いったい数えるべきだろうか、と悩むにちがいありません。

このように、a の感覚、つまり「one、two、three 〜と数えるときの one の感覚」には、**ちゃんと1個のものとして意識されるという「区切りや境界の感覚」**が関係していることが、まずわかるでしょう。そうです。**数えるためには、境界や輪郭がきちんと感じられることが大切**なのです。

## 2.「one、two、three …と数えるときの one の感覚」には、「同種のいろいろ感覚」が含まれています

ふたたび、次のようなものを数える場面を考えてみてください。

| トラ猫、三毛猫、シャム猫、**秋田犬**、黒猫、ペルシャ猫 |

いかがでしょうか。やはり、1、2、3と数えて、「あっ」と思ったのではないでしょうか。ものを数えるときには、自然にある種類や領域を意識して、それに属するものを、たとえその種類内であれこれちがいはあれ、1、2、3、と数えていくことがわかります。

このように、「one、two、three 〜と数えるときの one の感覚」には、**同種を意識して、その中で様々に異なるいろいろなものを数え上げていくような、「同種のいろいろ感覚」**が存在しているのです。

冠詞の a が持つ、こうした主要な2つの感覚を、よく覚えておいてくださいね。

　それでは、次は the に注目しましょう！
the の感覚は、ひとことで言うと、どんなものでしょうか。

　**the の感覚** はとりあえず、「**例の、あの、** という that の感覚」と言うことができます。

　なぜなら、**the は、that から生まれたことば**だからです。
　したがって、「親」の that の血を受け継いで、the には次のような2つの主な感覚が備わっています。

1. 「**話し手と聞き手のあいだでのわかり合い感覚**」

2. 単一であれグループであれ、「**それしかない**という限定感」

　この感覚も a の感覚同様、しっかりつかんでおいてください。

　最後に、ここまでのまとめとして、a と the にあえて少し長めの **感覚的な訳** を付けてみることにします。

　**a** は、「**ほかにもいろいろ（同種が）ある中の、ある1つの**」、
**the** は、「**わかっていると思うけど、例のあの**」、こんな感じになるでしょう。

## 2 ネイティブは名詞をどう分類して捉えている?

さて、ここでは冠詞と一体になっている名詞について考えます。以前に、言語というのは、その言語ごとに発想や捉え方もちがうと述べました。では英語では、名詞をどのように分類して捉えているのでしょうか。

1つの分類法として、まず、**可算名詞：数えられる名詞** と **不可算名詞：数えられない名詞** という分類の仕方が挙げられます。

そしてここには、数える意識の希薄な日本語と、数を強く意識する英語のちがいが、実によく表れています。

たとえば日本語では、空を飛行機が3機飛んでいても、単に「あっ、飛行機が飛んでるよ」と、単複の区別をせずに表現しますが、英語では必ず、a plane なのか 〜 planes なのかを区別することになるわけです。本当にネイティブは、たえず数を意識していることがわかりますね。

ちなみに英語では、**可算名詞**を Countable Nouns といい、**不可算名詞**を Uncountable Nouns といいます。それで、英英辞書でも英和辞書でも、名詞の意味を持つ単語のところに付いている **C とか U とかいう表示は、可算名詞や不可算名詞**を表しているわけです。また、同じ単語でも、名詞の意味や使い方によ

って、可算や不可算に分かれることもあるので、よく注意を払うようにしてくださいね。

さて、英語の名詞には、<u>もう1つ別の分類の仕方</u>があります。それは、**名詞が意味するものや性質などにもとづく分類**で、次の**5つ**に分けることができます。

## 1. 普通名詞：Common Nouns

英語の呼び名からもわかるように、**共通した（common）性質と**、例外的なものはあっても、だいたいこんな形という **共通した形を持つ、ふつうの（common）名詞** です。

house、bed、desk、train、bus、book、pen、boy、lady、hand など挙げれば切りがありません。普通名詞は、みな **数えることのできる可算名詞** となっています。

## 2. 集合名詞：Collective Nouns

Collective というのは、**同じ種類のものの1つのグループ、集合体** を表しています。

たとえば、集合名詞の例として、audience（聴衆）、crew（乗組員）、furniture（家具類）、baggage / luggage（手荷物類）、hair（頭髪全体）、family（家族）などを挙げることができます。どれを取っても、**「ひとそろいの／ひとセットの」という感覚**が、きっと感じられると思います。それぞれに細かい用法上のちがいはあっても、その感覚だけは しっかり押えておいてくださいね。

そして集合名詞が数えられる名詞かどうかについて言えば、たとえば「2組の家族」を two families と言うように、**集合体単位としては、数えることのできる名詞が多い** のですが、その一方で、一人ひとりに注目する目線の中で「成員たち」について述べるときには、形の上では単数形なのに複数扱いになるものもあることを覚えておきましょう。

　たとえば、All his family（単数形） are（複数扱い）early risers.（彼の家族はみな早起きだ）などのケースです。

（注意！　family 以外では、committee（委員会）、audience（聴衆）なども同じ扱い方をします。しかし、furniture（家具類）や clothing（衣類）のように**常に不可算で扱われるものもあります**）

　〈参考〉hair は、1本1本の明確な形を持つ個体に注目して述べるときは、a hair や hairs のように数えることのできる名詞となります。また、furniture や baggage などに関しても、その中の明確な形を持つ個々のものに注目して furniture の中の table や baggage の中の shoulder bag などについて述べるときは、もちろん数えられる名詞となります。

　集合名詞という呼び名は、あくまでも「ひとそろい」に注目した言い方と覚えておいてください。集合名詞は、それぞれに特徴があって覚えるのが大変と思うかもしれませんが、名詞を捉える感覚を大切にするにつれ、悩むことが少なくなってくるでしょう。

## 3. 物質名詞：Material Nouns

　これは、**一定の形を持たず、区切りもない、ものを形作っている素材や物質に注目した呼び名**です。

　たとえば、water、tea、coffee、rain のように液体のものもあれば、sugar、salt、rice、soap、paper、silver のように固体のものもありますし、air、smoke、gas など気体のものもあれば、さらには money（数えられ形を持つコインや紙幣とはちがう、価値を表す手段としての「お金」）のように、3つの状態のどれにも属さないものを挙げることもできます。

　大切なポイントは、物質名詞が**一定の形や区切りを持たない**材料や素材的な感覚を持つ名詞であることと、その理由で**数えられない名詞**と見なされていることの、2点です。

　今、「材料や素材的な感覚」と述べましたが、それは物質名詞の特色として、**どの一部を取り出しても、依然として同じ呼び名で呼ばれるという性質**からもわかると思います。

　たとえば、コップに水（water）が入っていて、そこからスプーン一杯分の水を取り出しても、やはりそれは依然として水（water）です。またガラス素材（glass）の花瓶が割れて、割れたガラスの破片を取り上げたときでも、手にしているものは依然としてガラス（glass）であるという感覚です。

　注意点として、glass という同一名詞であっても、一定の形を持つ「コップ（glass）」を意味する場合は数えられる普通名詞ですが、コップが割れて破片になった素材としての「ガラス（glass）」を意味する場合は、数えることのできない物質名詞となります。

このように物質名詞は、「材料や素材的な感覚」を持ち、定まった形や区切り感がないので、その「物質」を収める容器やその形状や単位などによって、a cup of coffee、a spoonful of sugar（以上「容器」）、または、a sheet of paper、a piece of chalk（以上「形状」）、さらには、a pound of meat（「重さの単位」）、a yard of silk（「長さの単位」）などと表現されることがあるのも、どうかあわせて覚えておいてください。

## 4. 抽象名詞：Abstract Nouns

　これは、平和（peace）や愛（love）、楽しみ（fun）や勇気（courage）や健康（health）、科学（science）、ニュース（news）、音楽（music）などのように、**目で見たり、手で触ったりできない、状態や性質や物事を表す名詞** のことで、**抽象的な観念を表しているもの**といえるでしょう。

　基本的には、形がないので、物質名詞と同様に **数えることのできない名詞** と考えられています。

## 5. 固有名詞：Proper Nouns

　これは、なじみのある名詞だと思います。中学の頃から、固有名詞は大文字で始めると教えられてきた、あの名詞です。

　この固有名詞は、他の同種のものと区別するために、**特定の人やものに対して付けられた固有の名を表すことば** と言えます。

　英語の proper には、「固有の」あるいは「独特の」という意味があるので、Elizabeth や Ichiro のような人の名であれ、Mt. Fuji や Ibaraki Prefecture や April のようなものの名であれ、固有の名はみな 固有名詞となることがわかります。

**基本的に固有名詞は、数えられない名詞**として扱われます。

いかがでしたか。
5種類の名詞の捉え方が、十分にわかっていただけたでしょうか。

では名詞についてひととおり考えたところで、次のことをぜひ覚えておいてください！（超頻出）

**「一見数えられそうで、実は数えられない名詞」（常に無冠詞のもの）**

---

furniture 家具類、baggage（luggage）手荷物類、
information 情報、news ニュース、knowledge 知識、
advice 忠告、money お金、work 仕事・作業、
food 食物・食料、room 余地

---

今まで名詞について考えてきましたが、それを基盤にして、いよいよ冠詞の第2ステップへと入っていきましょう。

## 3 無冠詞の用法とは、どのようなもの？

第1セクションで、a と the が持つ感覚について考えましたが、ここでは**「無冠詞」**という、**姿のない冠詞**について考えたいと思います。

冠詞と言うと、ふつう a、an、the を指します。**a と an** は、不特定のものを表すので**「不定冠詞」**、一方 the は、特定のものを表すので**「定冠詞」**と呼ばれています。

そして、**a boy は複数にすると boys** となり、**the boy は複数にすると the boys** となるのは、わかりますね。では「無冠詞」とは、形の上ではいったいどのようなものなのでしょうか。

これから考えようとしている**「無冠詞」**とは、上に挙げたどの例とも異なり、**名詞に a / an も the も複数の s も、何も付いてないもの** です。

では**「無冠詞」の感覚**とは、どのようなものなのでしょうか。

それは、**a と対をなしていて、「区切りや境界がない」という感覚**、**「形やひとまとまりの具体的イメージを感じない」感覚** と言えるでしょう。

たとえば「この単元のねらい」で取り上げた、a chicken /

chickens と、無冠詞の chicken を思い出してください。a chicken/chickens は一羽や複数の「形のある」ニワトリを表しますが、無冠詞の chicken は鶏肉を表すと述べましたが、それがなぜなのか、この「無冠詞」の感覚を考えるときに合点がいくのではないでしょうか。

　そうです、「区切りや境界のない」ニワトリ、「形やひとまとまりの具体的イメージを感じさせない」ニワトリは、ネイティブの感覚ではどうしても鶏肉を連想させるものとなってしまうのです。
　そして「形やひとまとまりのイメージを感じさせない」「鶏肉」の場合は、無冠詞になるのです。しかし、一般的な鶏肉とちがって、鳥の形がはっきりと感じられる丸焼きが出てきたなら、それを a chicken と表現しても差し支えないのです。
　生きているか死んでいるかの問題ではなく、また「鶏肉」なら自動的に無冠詞になるわけでもなく、**a と無冠詞の使い分けは、ただ「区切りや境界を感じるか」どうか、「形やひとまとまりの具体的イメージを感じるか」どうか、にある** のです。

　では、「この単元のねらい」で取り上げた もう1つの例も考えてみましょう。

　それは、単に**一般的な言い方**として「人は経験を通して学んでいくものだ」と語るときの「経験」が、experience を使うのに対して、実際の**具体的な体験**として「私は〜経験をした」と語るときの「経験」は、an experience を用いるというものでした。

少し比較して考えてみましょう。

まず、「人は経験を通して学んでいくものだ」という表現の中に出てくる「経験」に、「区切りや境界」感覚、あるいは「ひとまとまりのイメージ」を 感じられますか。

一般的なことを論じていることもあって、抽象的な印象が強く、「区切り」や「ひとまとまり」という感覚も感じ取りにくかったですね。ですから、無冠詞だったのです。

では、具体的な体験を念頭に置いて、「私はきのう〜（こういう）経験をした」と言う場合の「経験」についてはどうでしょうか。

今度は情景も浮かんできて、「区切り」感覚や「ひとまとまりの具体的イメージ」を感じ取ることができます。実際この「経験」は、目で見えるような形はなかったとしても、始まりと終わりという「区切りや境界」感覚が確かに存在し、「ひとまとまり」というイメージも確かに存在しています。ですから、a や an が付くのです。

〈参考〉このような**抽象名詞**は、そのまま抽象的・一般的に用いられるときは、数えることのできない名詞として無冠詞の用法となりますが、具体的・体験的に用いられるときは、数えられる名詞扱いになることがあります。ただ**「行為系」の抽象名詞**に関しては、たとえば一般的・抽象的に「歩行」や「おどり」と述べるときには、walking や dancing のような動名詞形（数えられない名詞扱い）を用い、具体的に体験として「歩行」や「おどり」について述べるときには、a walk や a dance を用いるなどのように、形を変えて使い分けることも多く、その場合にはたいてい have や take や make などの基本動詞と組んで用います（たとえば take a walk / shower / trip / 〜などのよ

うな形で）。

　最後に無冠詞に関して、もう1つの例を取り上げて、この項を終えようと思います。
　それは、go to bed（寝床につく／寝る）という無冠詞表現です。

　先ほどの experience（経験）という名詞は、「目で見たり手でさわることのできないもの」（普通名詞以外のもの）で、しかも「材料や素材的なものではないもの」（物質名詞以外のもの）なので、抽象名詞ということがわかりますが、bed という名詞は、「目で見たり手でさわることのできる」普通名詞です。
　では、先ほどの chicken のような生き物とはちがう、こうした物体の「無冠詞」の用法は、どんなことを表現しているのでしょうか。

　無冠詞の用法というのは、**「境界や区切りや輪郭が感じ取れない」というサインを、聞き手に伝える用法**でした。
　だとすれば、境界や輪郭を感じられない「ベッド」とは、いったいどんなものなのでしょうか。

　それは、**外面的なものから内面に視点が移された感覚で、そのものの目的や働きに焦点**を合わせている使い方です。つまり、ベッドの目的や働きというのは「寝る」ことですから、go to bed は「寝床につく／寝る」ことを意味しています。
　〈参考〉この表現から感じ取れるように、これは「ベッドに入る」ことであって、眠りに入ること（fall asleep）を意味して

218

はいません。ちょうど、get up が「ベッドから起き上がる／起床する」ことを表し、それに対して wake up が「（眠りから）目が覚める」ことを表しているのと比べられるでしょう。

　こうした go to bed と似たような用法は、go to school（勉強しに行く）、go to church（礼拝に行く）などにも見られます。普通名詞の無冠詞用法は、それ以外には by car / bus / train など、慣用的な表現に限られています。


　無冠詞の用法について、なじんでいただこうと思い、少し多めにページを充てました。これまであまり意識してこなかった方にとっては、まだ難しく感じられるかもしれませんが、無冠詞は、**a と対をなしていて、「区切りや境界がない」という感覚**、**「形やひとまとまりの具体的イメージを感じさせない」感覚**を伝えている、ということだけ、しっかり覚えておくならば、それで十分だと思います。きっと少しずつ慣れていくでしょう。

# 4 aの覚えておくとよい使い方とは?

さて、ふたたびaの登場です。

復習してみましょう。**冠詞のaには、2つのどんな感覚**がありましたか。

1.「区切りや境界の感覚」 2.「同種のいろいろ感覚」 この2つを考えました。

そして、名詞の可算・不可算については、基本的に次のことを考えました。
1. 普通名詞 －   可算     2. 集合名詞 －   可算／不可算
# 詳しくはセクション2を参照。
3. 物質名詞 －   不可算   4. 抽象名詞 －   不可算
5. 固有名詞 －   不可算

さあ、これで準備が整いました。

ではこれから、試験にも出て、しかも覚えておくと役に立つaの使い方を、1つずつ取り上げていきたいと思います。

### (1) a + 有名人：〜のような人

a Newtonで、ニュートンのような人というニュアンスになります。aが持つ「同種のいろいろ感覚」から感じ取れる使い方だと思います。

## (2) a＋人物名：～という名の人

**a Mr. Sato** で、「佐藤さんという方」というニュアンスになります。たとえば秘書が、どんな佐藤さんかわからない人からの電話を受け、それを伝えるときに、「いろいろいる佐藤さんの中のある1人の」佐藤さんという感覚で用いるかもしれません。

## (3) a＋企業名／アーティスト：～の製品／～の作品

日本語感覚とちがって、英語感覚では、たとえば「ソニー」と言えば会社だけでなく、その製品のことも「ソニー」と言う感覚がもともとあります。「ゴッホ」と言うときも同様です。ですから、「いろいろあるその中の1つ」という感覚で、製品や作品を **a Sony** とか **a Gogh** と呼ぶわけです。

## (4) 基本動詞＋a＋「行為系」の抽象名詞：～をする

＃ 詳しくは p.216-218を参照。

こうした形以外でも、始めと終わりを感じる「区切りや境界」感覚が感じられるなら、a＋「行為系」の抽象名詞は、基本動詞を伴わない様々な形でも登場します。

## (5) a＋時や長さや重さなどの単位：～につき／～ごとに

例：three times **a week**　週に3回、five hours **a day**　1日に5時間　「1～あたりにね」と、付け加えている感覚です。

## (6) a＋注文したい飲食物：1つの～

例：**A coffee** and two teas, please.
「コーヒー1杯と紅茶2杯、お願いします」

＃ レストランなどの注文の場面では、物質名詞のコーヒーなども、数えられるイメージとなり、店の中に「ほかにもいろいろある中のある1つの」という感覚で a を自然に用いることができます。

## (7) a ＋ 形容詞 ＋ 物質名詞：〜な〜　〈広告・宣伝などでよく見かける表現〉

例：**an excellent beer**　卓越したビール

　形容詞が付くことによって、本来物質名詞で数えることのできない「ビール」に関して、味わいに関して他のいろいろなもの（まあまあなもの／ふつうのもの etc.）を感じ取ることができ、いろいろ「味わい」がある中の1つの〜、というニュアンスがかもし出されていることに注目してください。

## (8) a ＋ 形容詞 ＋ 固有名詞：（一時的な状態として）〜な〜
　〈新聞などでよく見かける〉

例：**a merciful Sato**　慈悲深い佐藤さん

　いつも厳格な佐藤さんとして知られている佐藤さんなら、「わかり合い」と「それしかない」という感覚を持つ the を用いて、the strict Sato「（例の）厳格な佐藤さん」という言い方もできます。

　固有名詞は、名詞の中でも別格的な存在でふつうは無冠詞なのですが、この点で a を用いると、特質面においていろいろある中でこのたびはその中の1つの「慈悲深い佐藤さん」というニュアンスが出ることになります。

## (9) of a 名詞：同じ〜

例：They are **of an age**.　彼らは同じ年齢だ。

　彼らは「いろいろある年齢の中で、ある1つの年齢（たとえば22歳）に属している」が文字どおりの感覚で、そこから「同じ」というニュアンスが生まれています。ここでの of 〜 は「〜に属している」の意味です。

## (10) a 名詞 is 〜：〜というものは〜だ

例：**A dog is** a faithful animal.　犬というのは忠実な動物だ。

　もっとも一般的な言い方は、Dogs are 〜. というものですが、a を用いて、「いろいろいる中のある1匹の犬は」と述べることにより、ある不特定の1匹の犬が犬という種全体を代表しているような感覚と、ここで述べることは「個々のちがいを意識せず」どの犬にも当てはまるという感覚が感じ取れます。同じようなことを、The dog is 〜. と述べる方法もありますが、これは学術的な響きが感じられ、あまり一般的ではありません。A dog is 〜. には、脳裏に1匹の犬が思い浮かぶような状況があって、それを通して犬全体に適用される事柄が語られている雰囲気があります。

　a が持つ感覚から、様々な表現を考えることができましたが、いかがでしたか。

　a には他にもいろいろな使い方がありますが、いつも元にある感覚に照らしながら、どうぞ自分のものにしていってくださいね。

## 5 the の覚えておくとよい使い方とは？

the には、that から生まれた感覚、つまり**限定的な感覚**としての、「**例のあの**」という「**わかり合い感覚**」と、1つであれグループであれ「**それしかない**」という「**唯一感覚**」があることを、この単元の最初に考えました。それで、

**「それしかない」と決まってしまうものには、固有名詞を除いて、すべての名詞に the を付ける** ということになります。

たとえば、通常のケースでは、「2番目の」とか「最後の」とか「もっとも〜な」と言うと、1つに限定されるので、**the second 〜、the last 〜** とか **the 〜est** のあとに名詞を置くことになります。また太陽や月や地球も、はなから1つしかないので、**the sun、the moon、the earth** となるわけです。「右」や「東」などの方向や「前者／後者」なども「それしかない感覚」で、**the right、the east、the former / latter** と表現されます。

おもしろい例として、「うそを言う」を、tell a lie と言うのに対して、「真実を言う」は、tell the truth と言います。「うそ」は「他愛のないうそ」「悪意のあるうそ」など、いろいろな種類の「うそ」が存在している感覚がありますが、こと「真実」に関しては「1つしかない」という感覚が、ネイティブの中にはあり、the を用いていることがわかります。似たような例として、「正しい」「唯

一の」「同じ」なども、the right 〜、the only 〜、the same 〜 と表現されます。

ではここで、ネイティブが the を使う状況を少しまとめてみることにしましょう！

### 1. 一度話題に出た

最初は a で登場したものも、**一度語られると、次にそれを語るときはおのずと「限定感覚」が生じます。**たとえば、「うちでは猫（a cat）を飼っていてね」と言ったあとに、その猫が三毛猫であることをさらに言おうとすると、今度はこの「猫」は、なんだかわからない不特定の猫ではなく、語った人が自宅で飼っている「それしかない」猫となり、**the** cat となるわけです。

### 2. 状況から「ああ、それね」とわかる

たとえば、食事をしている長テーブルの中央に、1つだけ塩が置かれているとします。それを隣に座っている人に取ってもらいたいときには、テーブル上にある塩はそれだけしかないので、はじめて話題にのぼるものであっても、Could you pass me the salt? と語りかけることになります。先ほどと同じ「それしかない」という感覚が、話し手と聞き手のあいだに存在していることがわかるでしょう。

あるいは、4つの窓がある部屋の中にいるときに、1つの窓があいていて寒く感じました。そこで近くにいる人に閉めてもらえないかと頼むときにも、状況から閉めてほしい窓は1つに限定されているので、「それしかない」感覚ではじめから **the** window

と表現することができます。

## 3. 常識や経験などから「それは1つしかないでしょう」とお互いに感じる

先ほど述べた「何番目の〜」や「太陽」や「真実」のように、常識的に1つしかないと感じられるものには the が付きます。あるいは、行きつけの所であったり、これまでの共通の知識や経験などから、「例の〜」という感じでわかりあえるものにも the を付けたりします。

## 4.「これしかない」ということを相手に伝える

これまでの the の使い方は、話し手と聞き手のあいだで、おのずと感じ取れる「これしかない」という感覚でしたが、ここで取り上げるのは、相手には具体的なものが浮かばなくても、話し手の側で「これは唯一のもの／ほかにもいろいろあるものの中の1つ（a の世界のもの）ではなくて、これしかないものなんですよ」と相手に伝えるための the の用い方です。

たとえば、「これ、彼がくれたプレゼントなの」と言うとき、それがもらった唯一のものであるなら、Here is **the** present he gave me. と相手に述べるようなケースです。はじめて取り上げるのだからと a を用いてしまうと、「ほかにもいろいろある中の1つの」と受けとめられてしまうので、「これこそが唯一の」という感じで最初から the を用いるわけです。

あるいは自分の感性で、「これこそが唯一の〜だ」と感じるも

のに対して、あえて相手にそのフィーリングを伝えるために、the を用いることもあります。たとえばメアリーこそ唯一の歌手の名に値する歌手だと思う、ということを相手に伝えるのに、Mary is **the** singer. と言うようなケースです。「それしかない」the の限定感覚がとても強く感じられる使い方ですね。

（注意！　先ほどの Here is **the** present he gave me. のように、うしろから名詞を説明する表現があると、自動的に the が付くと考える人がいるかもしれませんが、そうではありません。たとえば「私が子どものときに読んだ（ある1冊の）本」を英語で言う場合には、もし **the** book I read when I was a child と表現してしまうと、子どものときに読んだ本が1冊だけという印象を聞き手に与えてしまうことになります。ですから先ほどの意味を伝えたいのであれば、**a** book I read 〜 とするわけです）

### 5. お決まりの複数構成のものに言及する

　たとえば「ブラウンさん一家」と述べるときには、**the Browns** と書きます。中学の時に教わったあれです。ほかにも、山の構成が決まっている「アルプス山脈」(**the Alps**)、州の構成が決まっている「アメリカ合衆国」(**the U.S.**)、イングランドやスコットランドなどいくつかの王国が合体して構成されている「イギリス」(**the U.K.** 正式には the United Kingdoms)、1990年から1999年までで構成されている「1990年代」(**the 1990's**) など、挙げていったら切りがありません。

　これらすべてに共通しているのは、だれの目から見ても**グルー**

プとして「それしかない」という**「お定まり感覚」**です。そしてこの the には、**全体を1つに束ねてまとめているような感覚も感じ取れる**のではないでしょうか。

## 6. 形容詞や名詞に付いて「表しているひとかたまりのもの」に注意を向ける

これは感覚的には、先ほど考えた「全体を1つに束ねてまとめているような感覚」に少し似た使い方に思えます。たとえば **the old** と述べることにより、「古い／年老いている」ということを「**表しているひとかたまりのもの**」として、「老いた人々」や「古さ／古いということ」などを表す使い方です。

ことわざの **The pen** is mightier than **the sword**.（文は武よりも強し）も、ペンそのものではなくペンが表しているひとかたまりのものとしての「ペンというもの／ペンなるもの」⇒「文」というニュアンスであることがわかります。

「それが表している**ひとかたまり**感覚」の the に含められるかもしれないものとして、**単位を表す用法**、つまり「この布はメートル単位で売っている」とか、「このドリンクはダース単位で注文できます」と言うようなときに用いる **by the 単位**（meter / dozen など）という用法を挙げられるかもしれません。「メートルひとくくり」「ダースひとくくり」の感覚がそこには感じ取れます。

加えて、だれかをたたいたり、つかんだり、見つめたりしたことを述べたあとに続く pat him on **the** shoulder や grab him by **the** arm、look him in **the** face などの言い方の中にも、やはり

共通した感覚を感じます。

　こうした表現を用いるときの shoulder、arm、face は、彼の肩や腕や顔という具体的なイメージや形を感じさせるものではなく、ただ体のどの部位なのかを示すだけのことなので、「それが表しているひとかたまり感覚」の the を用いるのが自然なのです。

　こうした感覚を、**「個としての、そのもののはっきりとした輪郭や形を感じる」a** と対比して、**「輪郭や形という感覚はうすく、ほわんとした（個であれ集団であれ）ひとかたまりを表す」the の用法** と、イメージ的に捉えておくのがよいかもしれません。

## 6 | some と any の感覚とは？

some や any と言うと、「どちらも『いくらか』という意味で、ふつうの肯定文では some が使われ、否定文や疑問文では any に変わる。ただし勧誘などの文で、肯定の返事を期待している疑問文では some が使われる」と考える人がけっこういます。

でも、これは少しちがいます。なぜそう言えるのか、考えてみましょう！　まずそれぞれの単語の意味は、どの点ではっきりと異なっているのでしょうか。

### 1. some

まず some ですが、このことばには **2つの主な感覚** が含まれているように思います。1つは **「存在感」** であり、もう1つは **「ぼんやり感」** です。「存在感」とは、**確かに存在しているという感覚**。「ぼんやり感」とは、**でも正体や数量などに関しては、ぼんやりぼやかしていて 不明という感覚** です。

some が含まれている単語を考えてみても、そのことはわかります。たとえば、**some**one、**some**thing、**some**day、**some**where は、それぞれどんな意味を持っているでしょうか。「だれか」「何か」「いつか」「どこか」ですね。

確かに存在はしていても、具体的なものはぼんやりとしていて不明という感じを受けないでしょうか。**Some**body is at the door.

230

というのは、ドアのところに**正体**は**不明**ではあるが、人が確かに存在していることを表していますが、some にはそうした感覚が含まれているのです。someone だけでなく、some のあとに単数名詞を持ってきて、正体をぼやかすことも可能です。たとえば、some teacher と言えば、「ある（1人の）先生」になるわけです。

　**数量**に関しても、同様のことが言えます。たとえば、日本の男子校の50人のクラスで、好きなスポーツのアンケートを取った結果について、もし英語で *Some* like soccer; *some* like baseball, and *some* like basketball. と言えば、皆さんはどのくらいの人数を考えるでしょうか。

　また、「現在世界には70億人ほどの人が生きている」と述べたあとに、「その中の **some** は、食べるものもほとんど毎日なくて死にかかっている」と言われたら、どのくらいの人数を連想するでしょうか。

　最初のケースでは、だいたい多い順に言っているにちがいないと考えて、サッカーが20人くらい、野球は（これも人気があるので）15人くらい、バスケは7、8人くらいかなあなどと考えるかもしれません。そしてあとのケースでは、もしかすると5億人から10億人くらいを連想するかもしれません。そしてそれらの数は、どれも先ほどの文脈の中での some が表すことのできる数字と言えます。いずれにしても some が表している数は、一般の日本語で「数人」というものではないことがわかるでしょう。要するに、存在はしているが、全部ではなく、**一部**ということを伝えているに過ぎないのです。**具体的な数**は**不明**です（それで、数量を表す

some は、正体不明のケースと同じように、「ある」と訳すのも一手だと思います。「ある人たちはサッカーが好きで、ある人たちは野球が好きで〜」といった感じです)。

「ぼんやり(漠然のイメージの)」some は、たとえば **some 5000 people** という、そのあとに数字が伴う表現の中にもよく顔を出します。このフレーズはどんな意味でしょうか。約5000人というニュアンスです。感覚的には、about よりももっと大づかみな感じがします。「ザックリ5000人」といった感じでしょうか。「ぼんやり」some は、こんな形でも活躍しています。

## 2. any

any の基本感覚は何ですか。簡単に言うと、**「どれでも／どれであっても」**という感覚です。

たとえば、筆記用具が必要な状況で、「何かお借りできますか」と頼んだところ、目の前に5つの筆記用具が出されたときに、その中の「どれでもいい」と感じるときのその感覚です。この状況では、その気持ちを *Any* will do. と言うことができます。

この例からも、**any は肯定文でも使える**ことがわかります。そして、**否定文や疑問文になったとしても any の感覚は決して変わることはありません。**

Do you have *any* questions? という疑問文は、「何か質問はありませんか」とよく訳されますが、この any がかもし出しているのは、「重要と思える質問でも、ささいに思える質問でも、たずね

にくく感じる質問でも、とにかく質問の内容は問いませんので、**どんな**質問**でも**いいので何かありませんか」という感覚なのです。これがもし、Do you have *some* questions? と言ったとすると、some がかもし出す「存在感（ある／存在しているという感覚）」のために、質問がきっとあるはずという感覚を、伝えることになってしまいます。

　よく参考書などで、相手に yes の答えを期待して述べる依頼や勧誘の文では some が使われるという理由は、こんなところ、つまり「あるはず」意識にあったのです。

　否定文についても考えてみましょう。
　I do*n't* have *any* pen with me. これはよく「全く持ち合わせのペンがありません」と訳されます。定番訳は、このように「全く／少しも〜ない」というものですが、もうきっと感覚がわかっていただけたと思います。そうです、「形や性能などを問わないいかなるペンもない」と、話し手は言っているのです。

　こうして、some と any について考えてみると、**この2つの単語は「似たような意味で、肯定文から否定文や疑問文に変わると変身する」ようなことばでは全くない**ことが、よくわかっていただけたのではないでしょうか。

　〈参考〉最後に余分なことかもしれませんが、some は「いくつかの（3〜6くらいの数）」を表しているのではないことを取り上げましたが、同じように誤解されがちなものとして、a few という表現が「2〜4」を表してはいないことにも注意してくださ

い。よく few との対比で、「少しはある」（few は「ほとんどない」）と教えられますが、グーグルなどで使われ方を検索するとわかるように、ネイティブは a few を「2〜4」というニュアンスで使っているのではありません。**several** という単語は**いつでも「3前後くらい」**を表しますが、**a few** は、some と同様、注目している物事の規模によって、千にも万にもなります。a few が伝える感覚は**「思っていたよりも少ない」というう予測はずれの感覚**なのです。

# 7 冠詞や無冠詞を使い分ける原則とは？

これまで、a / an や the という冠詞や、無冠詞という用法について考えてきましたが、最後にこれらを使い分ける大まかな原則を考えてみることにしましょう！

名詞がどんなものなのかに応じて、それに先立ってその名詞の正体や性質をあらかじめ聞き手に「サイン」として伝えるのが「冠詞」であると、考えることができます。

それで名詞中心に、冠詞の使い分けについて整理してみたいと思います。

### 1. 固有名詞は基本的に無冠詞

前に、固有名詞は別格と述べましたが、固有名詞は「同種のいろいろ（a の感覚）」を持たず、はじめから他と区別され唯一のものとして限定されている存在（the の感覚もすでに持ち合わせている存在）なのです。それで**基本的には a も the も付けず、s も付けない「無冠詞」でいく**ものと受けとめておいてください。
# 例外的なもののいくつかは、セクション4を参照。

### 2. 固有名詞以外の、「例の／その」「それしかない」といった限定性が感じられる名詞には the を付ける

普通名詞はもちろん他の名詞に関しても、「そのガラス／コーヒー」（物質名詞）であれ、「その愛／経験」（抽象名詞）であれ、

「その家具一式／ひとそろいの髪」（集合名詞）であれ、限定されている感覚の名詞には、the を付けることになります。

## 3. 固有名詞以外の、不特定のもので、①数えられる名詞なら、単複によって a 〜 か 〜s　②数えられない名詞なら、無冠詞となる

　①の例としては、〈普通名詞〉「（不特定の）1つの 花瓶／車」なら、a vase / a car、複数なら vases / cars となり、

　②の例としては、〈物質名詞〉「（不特定の）氷／けむり」なら、ice / smoke となり、〈抽象名詞〉「（不特定・一般的な）幸福／暴力」なら、happiness / violence となり、〈集合名詞〉「（不特定・一般的な）情報／家具類」なら、information / furniture となります。
＃ それぞれの名詞に関する詳しい情報は、セクション2（p.209）を参照。

　以上のように3つに大きく場合分けして整理しておくと、とてもわかりやすくなると思います。

# 重点チェック・即答10問

(リミット100秒)

### 1. a / an と the は、それぞれ何冠詞と呼ばれていますか。
（解答） a / an は「不定冠詞」、the は「定冠詞」

### 2. a / an と the の感覚的な訳はどのようなものですか。
（解答） a は「ほかにもいろいろ（同種が）ある中の、ある1つの」
the は「わかっていると思うけど、例のあの」

### 3. a が持つ主な2つの感覚とはどんなものでしたか。
（解答） ① 区切りや境界の感覚　② 同種のいろいろ感覚

### 4. the が持つ主な2つの感覚とはどんなものでしたか。
（解答） ① 話し手と聞き手のあいだでのわかり合い感覚
② "それしかない" という限定感覚

### 5.「無冠詞用法」が伝える感覚とはどのようなものでしたか。
（解答） 「区切りや境界がない」という感覚
（あるいは「形やひとまとまりの具体的イメージを感じない」感覚）

### 6. 名詞の2種類の分類に関して、すべて述べることができますか。
（解答） 可算名詞と不可算名詞
普通名詞、集合名詞、物質名詞、抽象名詞、固有名詞

7. 「一見数えられそうで、実は数えられない名詞」(常に無冠詞のもの)を8つ挙げてください。

(解答)　(次の中から8つ) furniture、baggage、information、news、knowledge、advice、money、work、food、room (余地)

8. 例外的使い方である、a Newton、a Mr. Sato、a Sony は、それぞれどんなことを意味していますか。

(解答)　「ニュートンのような人」「佐藤さんという人」「ソニー製品」

9. some が持つ2つの主な感覚と、any が持つ感覚とはどんなものでしたか。

(解答)　some は「存在感」と「ぼんやり感 (漠然とした)」、あるいは「存在はしているが、正体や数量など不明」という感覚
any は、「どれでも／どれであっても」という感覚

10. 冠詞を使い分ける原則は、どのようなものですか (3つに場合分けして)。

(解答)　1、基本的に固有名詞は無冠詞 (固有名詞以外は「特定」か「不特定」かで場合分けする)
2、「例の／その」「それしかない」といった限定性が感じられる名詞には the を付ける
3、不特定のもので ① 数えられる名詞なら、単複によって a～か　～s
② 数えられない名詞なら無冠詞

### ここでちょっとブレイク

## 英語のやさしいことば

**There is more happiness in giving than in receiving.**
「受けるより与える方が幸福である」

幸福が寄り添うのは

受けようとする心ではなく、
無心にひたすら与えていこうとする
そんな 優しい心なのかもしれませんね

感覚 7

# 前置詞に関する感覚

## この単元のねらい

　前置詞に対する私たち日本人の関心が高いこともあり、書店に行くと、前置詞だけに焦点を合わせたすばらしい本がたくさん出ています。ですから、入門書であるこの本では、前置詞の1つ1つに関して詳しく述べることは控えたいと思います。むしろ他の単元でもそうでしたが、基本的な感覚や捉え方を取り上げ、今後の架け橋になるものを少しでも築けたらと願っています。

　最初のいくつかのセクションでは、**前置詞とはどんなことばなのか**に焦点を合わせていきます。前置詞はそのあとにつづく名詞とセットになって、無限とも思えるほどの様々なニュアンスを表すことができます。昔から、スペシャリストたちのあいだで「前置詞を制する者は英文を制する」と言われてきたように、**その用い方や意味は多様**なのです。

　そしてそのような**前置詞を理解するカギ**となる1つの点は、**ネイティブが前置詞のあとに来る名詞を、「目的語」と呼んでいること**の中に見ることができます。目的語とは、動詞のあとに来て、その行為や状態の受け手、相手、対象を表すことばのことでした。これらから、前置詞は述語や主語や目的語などの主役にはなれないものの、**脇役として動詞のような働きをしながら英文に微妙なニュアンスや彩りを添えている**ことに気づかされます。そして動詞の世界に動作動詞と状態動詞という「動」と「静」

の世界があるように、前置詞の姿を捉えようとするときにも、**「動」と「静」の世界がある**ことに気がつくでしょう。

　加えて、**たくさんの意味を持つ前置詞をどうすれば自分のものにできるのか**ということも、1つの大きな課題です。この点でどんな取り組み方が役立つのでしょうか。この単元のつづく部分で具体的な例を取り上げて、ともに考えていきたいと思っています。

　そして最後に、前置詞の用法について注意できるいくつかの面を取り上げて、この単元を結びたいと思います。

　それでは、さっそく考えていきましょう！

## 1 前置詞ってどんなことば?

　この前置詞という表現は、もともと日本語の中にはない表現なので、なじみにくく感じる人が多いかもしれません。前置詞ということばは**前に置く詞（ことば）**と書きますが、それは英語の **preposition** を忠実に訳した表現です。では、前置詞はどんなことばの前に置くのでしょうか。

　それは、**名詞**です！

　前置詞は、この **名詞と一体になって、「時」や「場所」や「位置」などを中心に**、関係、手段、理由、様子、状況など、**あらゆることを説明するのに使える表現** です。

　たとえば、**at** the door と言えば「ドアのところに」、**in** April と言えば「4月に」、**under** the desk と言えば「机の下に」、そして **by** bus と言えば「バスで」といったぐあいです。

　もう少し具体的に言うと、代名詞や動名詞句や名詞節なども、前置詞のあとに来る名詞に含まれる表現なので OK ということです。

　〈参考〉節とは、I know *that he is kind to anybody*.（彼がだれに対しても親切だということを私は知っています）のように、ひとかたまりの中に主語＋動詞が含まれているもので、句とは、I want *to see you again*.（あなたにまた会えることを望んで

います）のように、ひとかたまりの中に主語＋動詞が含まれていないものを言います（どちらも下線部のひとかたまりは、文中で目的語の役割を果たしています）。

たとえば、前置詞の **about** を用いた表現では、代名詞を用いた **about** him（彼について）も OK ですし、動名詞句を用いた **about** going abroad（外国に行くことについて）や、名詞節を用いた **about** where he lived three years ago（彼が3年前どこに住んでいたかについて）も OK ということになります。

このように前置詞は、あとに来る名詞と一体になって働き、次のような形の **前置詞句というかたまり** を作ります。

**前置詞＋名詞＝前置詞句**

そして、**前置詞句の文の中での働き** は、主に、次の2つのうちのどちらかとなります。

1. **動詞や準動詞（不定詞・分詞・動名詞）を説明** する
2. **直前にある名詞を説明** する

1.の例：〈動詞を説明〉　He put it *on the table*.
　　　　　　　　　　　テーブルの上に ⇒ 置いた
　　　〈準動詞を説明〉　I like taking a rest *in the park*.
　　　　　　　　　　　その公園で ⇒ （休みを）取ること

245

2. の例:〈直前の名詞を説明〉　I know the boys *in the room*.
　　　　　　　　　　　　その部屋にいる ⇒ 男の子たち
＃「その部屋で ⇒ 知っている」ではおかしい。

## 2 前置詞が持つ「動の世界」と「静の世界」とは？

さて、「この単元のねらい」のところでも述べたように、**前置詞のあとに来る名詞**は、動詞のあとに来る名詞のときと同じく**英語では「目的語」と言います**。このことは、ネイティブにとって、次のような2つの表現の捉え方や感覚がとても似ていることを示すものとなっています。

　　　動詞＋名詞 （感覚的に）＝ 前置詞＋名詞

動詞に**動作**動詞（「動の世界」）と**状態**動詞（「静の世界」）があるように、**前置詞にも「動の世界」と「静の世界」がある**ことを意識すると、前置詞がいっそうわかりやすくなってきます。

たとえば、at という前置詞について、He is standing *at the gate*. の at が、「彼はゲートのところに立っている」という意味で、動きを感じない**「静の世界」**を描いているのに対して、He threw a stone *at the dog*. の at は、「彼は石をその犬めがけて投げた」という**「動の世界」**を表し、石がその犬にピンポイントで向かっていく動きを感じさせるものとなっています。

別の例として、He lay *on the sofa*.（動きを感じない**「静の世界」**）と、The dog jumped *on her*.（動きを感じさせる**「動の世界」**）を比べてみることができます。最初のものは「ソファーで横になっていた」という**「状態」**を表していますが、あとのもの

247

は「彼女に飛びついた」という**「動作」**を表すものになっています。

　このように動詞のニュアンスに応じて、前置詞のイメージを「静的なもの」と「動的なもの」とに自由にスイッチの切り替えができるようにしておくことは、前置詞句が伝えるニュアンスを上手につかむ助けになると思います。

　そして「動的なもの」のときには、イメージの中に、次のイラストのように、⇒を入れのがよいと思います。

| atの静の世界（状態）<br>●（ある）1（時／地）点で | atの動の世界（動作）<br>⇒●（ある）1点をめがけて<br>　　　　　　　〔対象にして〕 |
| --- | --- |

**throw a stone at the dog**

## 3 前置詞のたくさんの意味をどう覚えたらいい?

　前置詞にはあまりにもたくさんの意味があるので、「とても覚えきれない」と感じますか。実際に辞書を開いてみると、数え方にもよりますが、何十もの意味がのっているものもあり、「あきらめの境地」に追いやられてしまいます。
　何か良い方法があるのでしょうか。

　あります！　**イメージでつかむ** という方法です。
　**前置詞の中心イメージ** をまずしっかりつかみ、次にそこからの **広がりイメージ** をつかんでいく方法です。

　この広がりイメージに、先ほど考えた **動のイメージと、静のイメージを重ね合わせていく** と、様々な使い方や意味合いを、1つのネットワークとして感覚的に捉えやすくなるでしょう。先ほど、at と on の例を挙げましたが、この2つの前置詞を実際に「イメージネットワーク」で捉えてみることにしましょう！

### at　中心イメージ　「一点」

　広がりイメージ ── ① 時であれ場所であれ状態であれ **ある一点で**
　　　　　　　　└─ ② **一点集中**

　①は「静の世界」　②は「動と静の世界」

①の例 〈**時**〉 at eight（8時に）/ at eleven thirty（11時30分に）/ at noon（正午に）

at the beginning of ～（～のはじめに）/ at the end of ～（～の最後に）

at the age of ～（～歳で）/ at hand（［時であれ場所であれ］すぐ近くに）

at present（現在は）/ at first（最初は）/ at last（最後には ⇒ ついに）

at the same time（同時に）/ at first sight（ひと目見て）/ at times（時々）

〈**場所**〉 at the window（窓のところに）/ at the gate（門のところに）

(call) at ～（～に立ち寄る）/ (arrive) at ～（～に到着する）

(stay) at ～（～に泊まる）/ (get) at ～（～に手などが届く）

at the back of ～（～のうしろに）/ at the top of ～（～の最高地点で）

at the foot of ～（～のふもとに）/ at home（家にいる）/ at heart（心では）

〈**状態**〉 at ease（くつろいで）/ at home（くつろいで）/ at least（もっとも少ない状態で ⇒ 少なくても）

at most（多くても）/ at worst（悪くても）/ at best（良くても）

at one's best（最高の状態で）/ at one's worst（最悪の状態で）

at random（でたらめに）/ at a loss（心の喪失状態で ⇒ 途方に暮れて）

at full speed（全速力で）/ at any rate（どんな割合であっても ⇒ とにかく）

②の例 〈「一点集中」の「動の世界」：「～（一点）をめがけて／～（一点）を対象にして」〉

(aim) at ～（～をねらう）/ (laugh) at ～（～を笑う）/ (look) at ～（～を見る）

(gaze) at ～（～をじっと見つめる）/ (stare) at ～（～をじろじろ見つめる）

(point) at ～（～を指さす）/ (be angry) at ～（～に腹を立てている

(be surprised[amazed、astonished]) at ～（～に対して驚く）

〈「一点集中」の「静の世界」：「～（一点）に集中・熱中・従事している」〉

at work（勤務中である）/ at table（食事中である）

(be good) at ～（［一点に集中して］～が得意である）

いかがでしたか。「中心イメージ」と、「動」と「静」を交えた「広がりイメージ」で、1つの前置詞の「イメージネットワーク」

を作っていく感じが、いくらかつかめたでしょうか。


　では次は、「広がり」イメージがとても多い on に注目してみましょう！


**on　中心イメージ　「接触」**

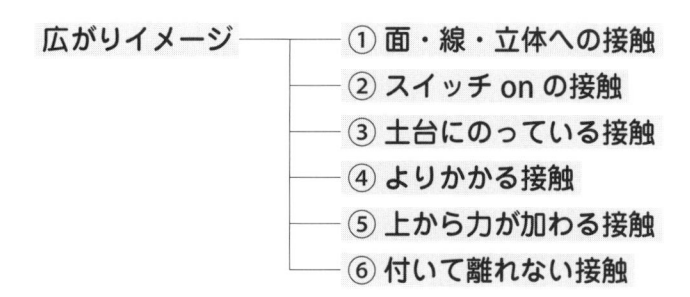

広がりイメージ ── ① 面・線・立体への接触
　　　　　　　 ── ② スイッチ on の接触
　　　　　　　 ── ③ 土台にのっている接触
　　　　　　　 ── ④ よりかかる接触
　　　　　　　 ── ⑤ 上から力が加わる接触
　　　　　　　 ── ⑥ 付いて離れない接触


　さあ、いかがでしょうか。今回は広がりイメージが6つもあります。おそらく前置詞の中でももっとも多いものの1つでしょう。これがつかめれば他の前置詞は大丈夫です。ただ、こうしたイメージ分類は辞書や人によってみな異なるものです。試しに、今回のこのイメージ分類（辞書的な意味分類とは、かなりちがう）を学習したあと、いろいろな辞書や本に当たってみてください。それらを見てみると、捉え方や分類の仕方に、それぞれ差異があることに気づくでしょう。実際、用法の中には、どちらに振り分けてもいいように思えるものが、かなりあるのです。またグループの束ね方もいろいろです。ですから、今回の6つのイメージ分

類は、私見に過ぎないものとして見てください。こうだとは決めつけずに、**「接触」の on のイメージの広がりを楽しむような目線で**、どうぞ見ていってくださいね。

今回はあえて、このようにして前置詞の中でもっともイメージの広がりの多い on を取り上げました。しかも主な2、3のイメージだけでなく**可能なかぎり「on の世界」全体を取り上げる**ために**6つの広がりイメージ**を示しました。それは**どんな前置詞でも必ずイメージによって感覚的につかめるのだ**ということを実感してほしかったからです。ぜひ、これを1つのサンプルにして、様々な前置詞を**自分で**感じ、推理し、整理し、イメージを**体系化していってください。**

それでは、1つの見立てにもとづく on のイメージ世界を、どうぞお楽しみください！

## 1. 面・線・立体への接触

> **注目ポイント**：on と言うと「〜の上に」というイメージが強いため、あるものの表面の上に注意を向けがちですが、on の**中心イメージは「接触」**であり、この「接触」には**形態も位置も様々**なものがあります。どうぞ、そこに注目して、「接触」イメージを楽しんください。

**〈面への接触〉**　ハエがとまっているのが、テーブルの上でも、

壁でも、天井でも、面の位置はちがってはいますが、その状態は、**on** the table / **on** the wall / **on** the ceiling と表現します。

　大きな笑みやたくさんのしわが顔に表れるかもしれませんが、それらは顔の内部ではなく表面に現れるものなので、She has a big smile / a lot of wrinkles **on** her face. と言うことができます。

　大きな空間を持つ乗り物に乗るときには、「中に」という意識よりも床という面に乗る意識が強いため、get **on** the train / bus などと言います。狭い空間のもの、たとえば車に乗る場合などは、「中に」という感じで get **into**[**in**] the car と言います。

〈線への接触〉　これはあまり on からは考えないかもしれませんが、あるものが、線を連想できるものに接している状態があるなら、それが海岸線だろうと川岸だろうと道路だろうと、His cottage is **on** the coast / riverside / road. などと言うことができます。on は、接しているといえるほど近い感覚です。

　彼が崖っぷちにいるなら、崖のふちのラインを感じ取ることができ、He is **on** the edge / verge of the cliff. と言うことができます。

　「山陽本線で広島へ行った」なども、山陽本線は「線」を連想させるものなので、**on** the Sanyo line と述べて、「線」に対する動的「接触」状態を表現することができます。

〈立体への接触〉　たとえば、木になっているたくさんのミカンは、a lot of oranges **on** the tree と表現することができます。木という立体への接触イメージです。

　また、彼女の指にある指輪や、彼女が身につけている白いドレ

スは、それぞれ a ring **on** her finger、a white dress **on** her と表現できます。指や体に「接触」している感覚です。

「立ち寄る」という表現は、場所に立ち寄るときは at を用いて call at とし、人の元に立ち寄るときには、call **on** him などと言います。人の元に立ち寄るときには、場所のときとちがいその「人」と「接触」するという感覚があるからでしょう（「人」も立体イメージです）。

## 2. スイッチ on の接触

> **注目ポイント**：スイッチが on（接触する状態）になると、ものが**作動**して、**機能したり働いたりし**、やがて**どんどん**と**動き続け、作動中・活動中の状態**になっていきます。前置詞（や副詞）の on も、こうしたすべてを表せることに、どうぞ注目してください。

何かが**作動している**ときには、たとえば The light / radio is on.（あかり／ラジオがついている）と言ったり、「**どんどん**」という表現は <u>**on and on**</u> と言ったりします。したりしなかったりという<u>断続的な状態</u>は、これに対して **on**（接触）and off（離れている）と言います。雨が降ったり（on）やんだり（off）という感じです。

「**続く**」ことを表す慣用句には on がたくさん登場します。たと

255

えば、「V し続ける」は、keep on Ving / go on Ving / carry on Ving など、どれも on が伴いますし、「この先ずっと」は from now on と言ったりします。

「〜している最中」という表現にもよく on が登場します。たとえば、on a diet（ダイエット中）、on sale（販売中）、on vacation（休暇中）、on the air（放送中）、on the increase（増加中）、on the go（活動中）、on strike（ストライキ中）、on one's way to 〜（〜へ行く途中で）、on duty（勤務中）などを挙げることができます。ちなみに、「勤務中ではない」ことは、先ほど同様 off を用いて、off duty と言います。on fire は、火が燃えていることや、「よーし！」と熱心になっていることを表します。

### 3. 土台にのっている接触

> 注目ポイント：今回の接触は、**土台の上に何かがのっているイメージ**の接触です。
> それで今回の on は、「〜を**基盤**にして」「〜を**土台**にして」「〜に**もとづいて**」「〜を**根拠**にして」「〜に**のっとって**」、そして「〜を**支え**にして」といったニュアンスで用いられていることに注目していただけたらと思います。

たとえば、live on rice は、米を基盤にして生きている（「米を常食にしている」）、be based on 〜 は、「〜にもとづいている」、

**on** purpose は、目的にもとづいて（「故意に／わざと」）、**on** condition that 〜 は、〜という条件を基盤にして（「〜という条件で」）、**on** average / balance は、平均やバランスを基盤にして（「平均して／すべてを考慮して」）と、どれにも「**基盤**」**感覚**を感じ取ることができます。

　She studied abroad **on** the money her uncle gave her. という文も、叔父がくれたお金を基盤にして（そのお金で）留学したんだなと、ニュアンスがつかめるのではないかと思います。

　また、「**根拠**」のニオイがする表現の、**on** (the) grounds that 〜（「〜という根拠／理由で」）、**on** account of 〜（「〜のために」）などにも on が使われていることに注目できるでしょう。

　加えて、**土台の上に**、外れたりずれたりすることなくちゃんとのっているイメージで、**on** time、**on** schedule と言うと、時間やスケジュールに「**のっとって**」という感じで、「時間どおりに」とか「スケジュールどおりに」を意味するようになります。

　「土台」と言えば、sleep **on** one's back / **on** one's stomach という表現も、背中やおなかを「土台」や「**支え**」**にして**眠るという感覚で捉えると、それぞれが「あおむけに眠る」「うつぶせに眠る」という意味だとわかるでしょう。では、stand **on** one's hands の意味は？　両手を支えにして立つわけですから、そう！「逆立ちする」という意味なのです。

## 4. 寄りかかる接触

> 注目ポイント：「接触」イメージにもいろいろありますが、今回のものは、女性が頼もしい男性に寄りかかっているような感じの「接触」です。**伝わる感覚**としては、**「依存している」「～にかかっている」「頼みにしている」**といった感覚です。この「頼みにしている」が発展すると、**「～を用いて」「～を使って」**というニュアンスにつながっていきます。ではまず、「依存」のイメージからスタートしましょう。

depend **on**、rely **on**、count **on**、rest **on**、fall back **on** はみな、「頼る」という意味を伝える表現ですが、どれにも on が付いていることに、どうぞ注目してください。

It's **on** me.（それは私のおごりだ）という決まり文句にも、**「依存」イメージ**がうかがえます。

では、He's **on** drugs. の意味は？ そう！「彼は麻薬依存症だ」というニュアンスです。

go ～ **on** foot（歩いて行く）も、バス（by bus）や車（by car）ではなく、足を頼みにして行くというイメージで捉えられる表現かもしれません。「注目ポイント」でも述べたように、この感覚は、足を用いてという感覚ともリンクしています。

この**「用いて／使って」**（訳の上では「～で」となることが多い）という on の表現例としては、**on** TV / the radio（テレビで／

ラジオで）とか、buy ~ **on** the Internet（ネットで~を買う）とか、run **on** gasoline / electricity（ガソリン／電気で走る）などを挙げることができます。では、Don't speak to me when I'm **on** the computer. のニュアンスは？ そう！「コンピュータを使っているときは声をかけないでくれ」ということになります。

## 5. 上から力が加わる接触

> **注目ポイント**：上からイメージで力や作用が加わり、その**力や作用が対象や周囲に及んでいったり浸透していったりする**イメージです。力・影響・作用などが何かに加えられたり及んだりするときには、それを受けるものの前に、よく on が付くことに注目していただけたらと思います。

　influence（影響）、effect（効果）、impression（印象）、act（作用）、attack（攻撃）、impact（衝撃）、duty（義務）、limit / restriction（制限）、prohibition（禁止）、imposition（課すこと）などは、それが名詞形であれ、動詞形であれ、対象となるもの（〜に対して）をそのあとに述べるときには、on を「〜に対して」の前に置くことになります。たとえば、**impose** a tax **on** him（彼に税を課す）、have a strong **influence on** him（彼に強い影響を与える）のようにです。「課す」も「影響を与える」も、それが及ぶのは「彼に対して」なので him の前に on を置いていることがわかります。彼の**上に重〜く作用しているイメージ**が感じ取れる

でしょうか。上にずらっと挙げた単語を見ても、マイナス系・重い系が多いことがわかりますね。

　おもしろい比較ですが、respect（尊敬する）に対するくだけた言い回しは look up to ～ であり、一方 despise（軽蔑する）に対するくだけた言い方は look down on ～ となっています。それぞれに、「見上げる」感覚や「見下げる」感覚から look up、look down というのは納得！という感じですが、なぜ「軽蔑する」の方は to を使わずに on を用いるのでしょうか。これまでのことから、上から来る軽蔑のマイナス目線が重い感じで及ぶので on がぴったりということが理解できると思います。

### 6. 付いて離れない接触

> **注目ポイント**：今回注目している接触パターンは、くっついて離れない「粘っこい on」です。先ほど考えた「上から力や作用が加わる接触」に近いイメージですが、それに加えて、**そこにとどまって、ずれず ブレず 離れないというイメージ**が付け足される感じです。「**集中**」「**執着**」「**熱意**」などの状態と関連づけるとよいと思います。on は、「**関連（～に関して）**」の意味でも用いられますが、この「付いて離れない」イメージから、周辺を表す about とはちがい、**専門的**な形で「～に関して」と使われることに注目してください。

## 1. 付いてブレず離れない⇒「集中」編

「集中する」という意味の、concentrate や focus は、何に（対して）という部分の前に on を置きます。たとえば、concentrate / focus one's attention **on** the job（その仕事に注意を集中する）というようにです。Keep an eye **on** the baby. などの表現も、赤ちゃんから目を離さずにじっと注意深く見守っている雰囲気がよく出ている表現ではないでしょうか。reflect **on** 〜 も、対象物に思いを集中させて、「じっくり考える」というイメージを伝えています。このような「じっと・じっくり」系の表現として、look back **on** 〜 を思い出す方がいるかもしれません。これもじっくり考えることですが、「過去を振り返って、じっくりと回想する」というニュアンスです。

## 2. 付いてブレず離れない⇒「執着」編

「執着・こだわり」と言えば、真っ先に思い浮かぶのが、insist **on** や dwell **on** などの表現です。dwell on は、先ほど取り上げた reflect on 同様、付いて離れずに考えるという点では似てはいるのですが、その考え方に「執着・こだわり」がたっぷり含まれている点が異なります。そうです、あることについて「いつまでも長々と、くよくよ考える」のです。insist on も、「こだわり」の点では、なかなかのものです。というより、「どうしても！と譲らずに強く主張したり要求したりする」かなりの頑固者といえるでしょう。

似たような例として、**on** one's mind と **in** one's mind の感覚のちがいが挙げられます。あることが彼女にとって in one's mind 状態であるというのは、そのことを「思いにとめている」という意味です。<u>on one's mind 状態であるとなれば、心配ごとや思い煩いなどが「思いから離れず、ずっとかかっている／悩んでいる」</u>というニュアンスになってしまうのです。

### 3. 付いてブレず離れない⇒「熱意」編

次は熱意・熱中編です。人の心は熱くなると、その対象に「付いて離れず」**その上にもっぱら**気持ちや情熱や時間などを惜しみなく**傾け／注ぐ**ようになります。そして不思議なことに（いいえ、むしろ当然なのですが）、こうした「熱い」系の表現には、on が付くものがかなりあります。

「〜に熱中している／〜に夢中である」という表現を少し拾い上げてみると、be keen **on**、be hooked **on**、be intent **on**、be bent **on**、be stuck **on**、have a crush **on** などを挙げることができます。それほど大きな「熱意」は感じられなくても、spend a lot of time / money **on** 〜（多くの時間／お金を〜に費やす）といった表現の中にも、先ほど述べた「〜の上にもっぱら〜を傾ける／注ぐ」という感覚がきっと感じ取れることと思います。

### 4. 付いてブレず離れない⇒「関連」編

一般的に「〜について」というのとはちがい、もっぱらそのことだけに「付いて離れず」、専門的に「〜について」述べていくときには、about よりも on が好んで使われます。そこで**学術性や専門性の高い本や講演の見出しやタイトルなどには**、たいてい **on が使われています**。たとえば講演があって、それが about

German history のものなら、一般向けのドイツの歴史やその周辺のよもやま話がなされるというイメージ（about はもともと「〜のあたり」を意味します）ですが、**on** German history であれば、もっぱら学問的・専門的に論じられるというイメージに変わります。これまであまり注意していなかったのなら、今度はぜひ注目してみてくださいね。

　さて、「接触」の on について様々な広がりイメージを考えましたが、いかがでしたか。前置詞をどのように捉えていったらよいのか、コツがつかめましたか。

　最初に述べたように、ここに示したのは私流のイメージネットワークの一例です。このイメージの捉え方は、人によってみなちがっています。そして正解はないのです。また近接するイメージに関しても、はっきりとした境界線はありません。ですから今回示したものを参考にして、1つ1つの前置詞について、恐れずに、皆さん自身のイメージネットワークを作っていただけたらと願っています。

　では、次に進みましょう！

## 4 基本的な前置詞の中心イメージとは?

前の単元では、前置詞の覚え方の例として on と at を取り上げました。

そこでこの単元では、それ以外の基本的な前置詞の中心イメージだけ示していきたいと思います。

### 1. in　あるワクの中

目に見える空間のワク、目に見えない空間のワク、時間のワク、ある状況や状態というワク、感情や気分というワク、そうした**ワクの中にいる**ことを示しています。

### 2. to　向かう＋到達

**単に向かうだけでなく、達する**ことから、「向けて」と「達して」に加えて、A 〜 to B で、A が B に**付く**、A が B に**合う／合わせる**、A が B に**対する状態**であること、A が B で stop になるので「B まで／B が限界」という状態、ある状態や感情に**至る**、**結果として** A が B と**なる**など、様々な広がりを見せることばです。

### 3. of　切っても切れない関係

of は、**昔は「分離」を意味する語**で、A of B は A が B から**分離**することを表していました。しかし、しばらくして「分離」の意味をになう off が現れてからは用い方が変わってきて、**現在で**

は「分離」以前の状態 つまり A of B で、A と B が**一体化している状態を強調**するようになりました。「A が B から分離する」というもともとの意味の中では、**B が元**となる 母体的な存在でした。ですから、the legs of the chair という表現においては、両者は確かに切っても切れない関係にはありますが、「イス」が母体（元になるもの）で、「脚」が「属するもの」のような関係になっていることがわかります。

　そして、of の直前がどんな品詞であれ、**of のあとに来るもの**は、「元」となる 「**原因**」（例：die **of** cancer：ガンで死ぬ）であったり、「**材料**」（例：be made **of** wood：木でできている）であったり、「**起源**」（例：come **of** an old family：旧家の出である）であったり、「**母体**」（例：the legs **of** the chair：椅子の脚）であったりすることが多いのも覚えておくとよいでしょう。

　また、「切っても切れない関係や結びつき」を表す of は、of の前後が①**述語と目的語（対象）**であったり、②**述語と主語**であったり、③**それ以外の、修飾と被修飾の関係や同格や他の様々な密接なつながり**を表していることを念頭に置くと、理解しやすくなると思います。①の例としては、be fond **of** music（音楽が好き）や the discovery **of** a new star（新星の発見）を、②の例としては、the rise **of** the sun（陽が昇ること：日の出）や the start **of** the school year（学年がスタートすること：学年の開始）などが挙げられます。

## 4. for　〜に向けて（良いイメージで）

　物理的に、**あるところに「向けて」**だけではなく、**思いや気持ちを、あるものに「向けて」**という用い方がむしろメインとなっている語です。そのことを意識すると、for のイメージの広がりを上手につかめると思います。もう1つ大切なことは、**forはプラスイメージを持っている**点です。ですから、彼に思いを向けてケーキを作っているなら、「彼の**ために**」ということになるでしょうし、台風に思いを向けて家を補強しているなら、「台風に**備えて**」となるでしょうし、助けに思いを向けて叫んでいるなら、「助けを**求めて**」というニュアンスになるわけです。また、for は心理的にプラスイメージを持っているので、**「支持して／賛成して」**という意味合いで用いられることもあります。こうした要領でつかんでくださいね。

## 5. with　〜を持って／伴って

　**目に見えるものを「持って／伴って」**と言うこともありますし、**目に見えないものや状況などを「持って／伴って」**と言うこともあります。たとえば、ナイフを持ってりんごの皮をむくとか、犬を伴って散歩するとか、プールを持っている家とか、腕が組まれている状況を伴って思案するなど、みな with で表現できる世界です。

　訳はそれぞれ、「ナイフで」(**with a knife**)、「犬を連れて」(**with the dog**)、「プール付きの」(**with a swimming pool**)、「腕組みをして」(**with one's arms folded**) と、異なっても、あるものや状況を「持って／伴って」という感覚は共通しています。この「持って／伴って」感覚の with は、訳の上では、**「〜でもって」**

とか「〜をともなって」という感じで訳を当てると、大半の表現に合うと思います。

さらに、「伴っている」という感覚が「プラス的に、**同調している**」ケース（agree with 〜 のように）と、「マイナス的に、**対抗している**」ケース（fight with 〜 のように）があることも、覚えておいてください。さらなる注意点は、たとえば、a problem with money の場合のように、**「関して（の）」**の使い方です。「お金に関する問題」というのが自然な訳だと思いますが、要するに「お金に伴う問題」ということを言っているわけです。こんな目線で、どうぞ with の感覚を広げていってください。

## 6. by　近接：寄って／依って感覚

by は、「近接」のイメージから、**「そばに」という感覚**や、**「依りかかり」感覚**が生まれ、それらを元にして使い方に様々な広がりを見せています。「依って」という感覚は、**「手段」**（by bus）や、ある事柄を引き起こした**「行為主や主体」**（受け身の文の by 〜）に注意を向けることにつながり、拠りどころとしての**「基準」**（by the meter：メートル単位で）にもつながってきます。また、「時」に関する「近接」用法として、be back **by seven**（7時**までには**戻る）のような**「期限」**を表す用法もありますが、要するに「7時に（at seven）」ではなく、「7時近くには戻る」と言っていることがわかると思います。注意したいのは、たとえば、**by** the 5$^{th}$ century という表現があったときに、by を、5世紀以前のすべてを指していると考えてはならないということです。そ

れはbeforeが伝える世界であって、byは**あくまでも「近接」**なのです。したがって時の流れにそって「近接した」すぐ前の時期を指しているわけですから、先ほどのフレーズは、「5世紀も近づく頃には／5世紀頃（まで）に」というニュアンスで受けとめなければならないことがわかります。**by** nowを「今頃」と訳すのと同じ感覚です。こんな要領で、どうぞイメージを広げていってください。


## 7. from　起点と そこからの分離

　最後にfromを取り上げます。「起点」を表すfromは、**場所や時間の起点**を表すだけでなく**事の始まりとしての**「**原因**」「**判断の元になるもの**」「**相違などを比較するときの元となるもの・基準**」（be different **from** TomであればTom）」「**由来や出所**」「**素材**」など、いろいろ表すことができます。それらはたいてい「～から」と訳せます。一方それとともに、**起点からの分離**という「**動的な捉え方」も大切**になってきます。そのため、**fromのあとにVingなどの「行為系」の表現が来ると**、その行為から**「離れる／遠ざかる」**ことで「Vしなくなる」という考えが伝わることになるので、注意してほしいと思います。

　最後に、それ以外の2つ注意点を述べましょう。
　1. 先ほど「原因」という用法を挙げましたが、これに関しても「起点感覚」を当てはめて、ちがいを考える必要があります。たとえば「切っても切れない結びつき」を伝えるofと比べてみましょう。

次の2つの表現のちがいを、どうぞ考えてみてください。
① die **of** cancer　② die **from** overwork　いかがでしょうか。
　どちらも「～で死ぬ」と訳せますが、そのちがいが感じ取れましたか。①は、ガンが直接の原因で（それと密接に結びついて）死んだことを述べていますが、②の方は あくまでも**「起因」**に過ぎず、そのあと様々な症状や病気を引き起こして死んだということを述べているわけです。

　2.「時」の起点としての from の使い方を、since と混同しないようにすることも大切です。たとえば **from** 1950 と言えば、起点として1950年**に始まったことしか伝えません**が、since 1950 の場合には、1950年**から今までずっと**という**継続期間を表している**のです。


　いかがでしたか。主な前置詞の中心イメージと、そこからの少しの広がりだけ考えることができました。あとは、それを手がかりに皆さんが独自のイメージネットワークを作り上げてほしい、と心から願っています。

## 5 とてもたくさんあるグループ前置詞とは？

　ここはわかりやすいところなので、簡単に終えたいと思います。
　もしかすると皆さんの思いの中では、前置詞と言うと、これまで考えてきたような at とか in とか for のような、1語のものが思い浮かぶかもしれませんが、実は **2語以上のかたまりで前置詞の働きをしているもの** が、タイトルどおりとてもたくさんあるのです。

　たとえば、「～のために」というニュアンスを伝える **because of**、**owing to**、**on account of**、**due to** などはどれもグループ前置詞で、**そのあとに名詞が来て前置詞句となる** ものです。
　それ以外にも主なものだけ挙げると、まず中学のときに出てくるものとして、**in front of**（～の正面に）、**at the back of**（～のうしろに）、**out of**（～の中から［外へ］：into の正反対になります）などがあります。

　それ以外にさらに主なものを挙げると、**thanks to**（～のおかげで）、**according to**（～によると）、**instead of**（～の代わりに）、**in spite of**（～にもかかわらず）、**with[for] all**（～にもかかわらず）、**with[in] regard to**（～に関して）、**in addition to**（～に加えて）、**as for**（～に関するかぎりは）、**as to**（～に関しては）、**apart[aside] from**（～は別として）、**in case of**（～の場合には）、**by means of**（～によって／用いて）、**by way of**（～

を通って／経由して)、**along[together] with**（〜とともに)、**in place of**（〜の代わりに)、**in view of**（〜を考慮して)、**with a view to**（〜の目的で)、**at the beginning of**（〜の初めに)、**in the middle of**（〜の最中に／中頃に), **on behalf of**（〜のために／代わりに)、**along with**（〜とともに)、**ahead of**（〜の前に)、**up to**（〜まで／〜次第で)、**regardless of**（〜にもかかわらず／かまわず）など、本当に切りがありません。

　先ほど挙げた中に、at the back of 〜 という表現がありましたが、それと同じパターンのもの、つまり**前置詞＋the＋名詞＋of** という**4語パターン**のグループ前置詞もかなり多いので、慣用的な表現と感じるものは そのままひとかたまりの前置詞として覚えてしまうと良いでしょう。一般にグループ前置詞として知られているこのパターンの代表例として、**for the sake of**（〜のために)、**for the purpose of**（〜の目的で)、**at the cost[expense] of**（〜を犠牲にして)、**at the risk of**（〜の危険を冒して)、**at the sight of**（〜を見て)、**on the basis of**（〜に基づいて)、**on the point of**（〜の寸前で)、**at the time of**（〜のときに)、**at the turn of**（〜の変わり目に)、**at the request of**（〜の要求・要望で)、**at the mercy of**（〜のなすがままに)、**in the light of**（〜を考慮して／〜の観点から)、**in the face of**（〜に直面して／〜をものともせずに)、**on the point of**（〜の寸前で)、**on the verge[edge] of**（〜の瀬戸際で)、などを挙げることができます。

　このように様々なグループ前置詞に注目していくと、前置詞があらゆるニュアンスを表現できるということが納得できますね。

## 6 | よく出る前置詞表現とは？

このセクションでは、**試験によく出る前置詞表現**を取り上げます。試験によく出るものの日本語訳につられてまちがえやすいものは、次のセクションで扱います。

### 1. by と till / until の区別

日本語訳では、両方とも「まで」が付くために混同されやすく、最頻出項目となっています。

**by は「期限」**を表し、訳は「**〜までに**は」と覚えるとよいでしょう。一方 **until / till は「継続」**を表し、訳は「**〜までずっと**」と、はっきり区別する形で覚えましょう。**by は「期限」**を表すので、finish / start by eight（8時までには終える／始める）のように「**点の動作動詞**」と組み、一方 until / till は「継続」を表すので、study / wait until eight（8時までずっと勉強する／待つ）と、「**線の動作動詞**」と組みます。

### 2. 「〜だけれども」「〜にもかかわらず」表現の区別

接続詞の though / although に、前置詞の despise、with[for] all、in spite of などをからめた形でよく出題されます。

区別としては、**though / although は接続詞**なので、**そのあとに文が来て、「〜だけれども」と訳すことができます**。一方、

despite、with[for] all、in spite of は前置詞なので、名詞が来て、「〜にもかかわらず」と訳すことに、どうぞ注意してください。書き換えがらみの空所補充問題では、空所が1語か2語か3語なのかに注目して、どの前置詞表現が入るかを考えます。

### 3.「〜のあいだに」の区別

　接続詞の while に、前置詞の during, for などをからめた問題がよく出されます。使い方がそれぞれちがうことを覚えておいてください。

　まず、**while は接続詞**なので、**あとに文が続く**わけですが、while は進行形と組むことが多く、**「〜しているあいだに」**というニュアンスを伝えます。「時」を表す while のような接続詞は、そのあとに続く **S＋be 動詞をセットとしてよく省略し**、「V しているあいだに」が **while Ving という形になる**ことが多いので、注意が必要です。

　それに対し、during と for はともに前置詞ですが、それぞれの使い方がちがうので注意しなければなりません。

　「**いつ（when）**彼女と付き合い始めたんだい？」という質問に対して、「去年の夏休みだよ」と答えるときには、皆さんなら、どちらの前置詞を使いますか。**答え**は during です。during last summer vacation となります。このように、**during のあとには**、数字ではなく、特定の期間を表す**名詞が来ます**。

　一方、「**どれくらい（how long）**彼女と付き合っているんだい？」という質問だったら、**for を使い、おそらく具体的な数字を用いて、**たとえば **for** three years（3年間）**と答える**ことに

7 前置詞に関する感覚

273

なるでしょう。When? には during、How long? には for という、この対応関係をまず覚えておくとよいでしょう。

　もう1つ注意したいのは、during は2通りの意味を表せるということです。先ほどのように、ある期間中の不特定の一時点を示すこともできれば、その期間中の継続を表すこともできます。では、どうやって区別すればよいのでしょうか。主に動詞が点の動詞か線の動詞なのかによるのです。あいまいな状況で「夏休みじゅう（始めから終わりまで）だよ」とはっきり伝えたいなら、**through the summer vacation** と答えられるでしょう。

　during に関してはもう1つ、during のあとに Ving をつづけることができないことにも、くれぐれも注意してください。空所のあとが Ving だとしたら、おそらくその前に来る表現は while になるでしょう。

## 4.「時」を示す at / on / in の使い分け

　まず原則として、**at は時刻、on は日付や曜日、in は週の単位以上**と覚えてください。そして、単に「午前中に」「午後に」「晩（5時頃〜9時頃）に」「夜（眠りについているような時間）に」とだけ言うときは、それぞれ、**in the morning、in the afternoon、in the evening、at night** ということを、次に押さえてください。最後に、「**特定の日や曜日の午前／午後／晩／夜に**」と言うときには、**on に変える必要がある**と覚えておいてください。たとえば、「4月1日の晩に」や「金曜日の午後に」であれば、**on** the evening of April 1 や **on** Friday afternoon というふうにです。

## 5. 特定の意味の名詞と必ず結びつく前置詞

以下の組み合わせを、ぜひ覚えてください！

**（1）in ＋「やり方／方法」という意味の way、manner**
　例：in this way / manner　こんなふうにして

**（2）in ＋「点」という意味の way、respect**
　例：in every way / respect　すべての点で

**（3）for ＋「理由」という意味の reason**
　例：for security reasons　安全上の理由で

**（4）in ＋「方向」という意味の direction**
　例：in the opposite direction　正反対の方向に

**（5）to ＋「程度」という意味の extent**
　例：to some extent　ある程度まで

**（6）at ＋「割合、ペース」という意味の rate**
　例：at a faster rate　より速いペースで

**（7）under ＋「状況」という意味の conditions / circumstances**
　例：under any conditions / circumstances　どんな状況でも

＃ ここでは、本当によく出題されるものだけに限定しました。

# 7 日本語につられてまちがえやすい前置詞表現とは？

　いよいよ最終単元の最終セクションとなりました。

　ここまで、英語の感覚ということで考えてきましたが、いかがだったでしょうか。「言語って、本当にそれぞれの言語ごとに発想や感覚や表現の仕方がちがうんだなあ」と、実感しているのではないかと思います。

　**「日本語中心主義」からの脱却が大切！** ということを、この本の最初の方で言いましたが、このセクションでは、**「日本語がこうだから…」という感覚で、ついまちがえてしまいがちな前置詞表現**について考えてみたいと思います。きっと様々な前置詞感覚の復習にもなることでしょう！

## 1. 日本語の「〜の」は、英語の of ？　60点取れれば OK です。75点以上ならすばらしい！

　問題です。次の空所に入るもっとも適切な前置詞は何でしょうか。　　　　　　　　　　　　　　　　　　　　各5点 × 20問

（1）部屋の窓　　the windows ▢ the room
（2）部屋のカギ　the key ▢ the room
（3）料理の本　　books ▢ cooking　＊専門的な内容のものとして
（4）建築中のホテル　a hotel ▢ construction
（5）ベッドのまくら　the pillow ▢ the bed

(6) 長い髪の女の子　a girl ☐ long hair
(7) 赤い服の女の子　a girl ☐ red
(8) 行動の人　a man ☐ action
(9) フランス語の試験　an exam ☐ French
(10) トルストイの小説　a novel ☐ Tolstoy
(11) 友人の手紙（友人がくれた手紙）　a letter ☐ my friend
(12) ガンの手術　an operation ☐ cancer
(13) ABC高校の学生　a student ☐ ABC High School
(14) 7時のニュース　news ☐ seven
(15) 天気の変化　a change ☐ the weather
(16) 子どもの教育　the education ☐ children
(17) 行楽のシーズン　the season ☐ outings
(18) 英語の絵本　a picture book ☐ English
(19) 湖畔の宿　an inn ☐ the lake
(20) 太陽の光線　light ☐ the sun

　さあ、いかがでしたか。以下に、答えと簡単な解説を述べたいと思います。
(1) the windows **of** the room　窓は部屋の一部分なので。
(2) the key **to** the room　カギは部屋の一部分ではありません。部屋に対応するものです。

　「の」を、何でも of にしたがる人は、**「部分」**なのか「独立した感じの**別の存在」**なのかを、まず考慮してみるといいでしょう。「部分」でないとしたら、次に 両者はどんな関係なんだろうと考えてみると、だんだん適切な前置詞が選べ

るようになってくると思います。

（3）books **on** cooking　「料理に関する本」という専門的な感覚です。
（4）a hotel **under** construction　「建築中／建設中」は、under construction と言います。
（5）the pillow **on** the bed　まくらはベッドの一部分ではなく、上にある別物です。
（6）a girl **with** long hair　「持っている」というニュアンスの with を用います。
（7）a girl **in** red　「赤い服を身につけた（赤い服の中につつまれた）女の子」という感じです。
（8）a man **of** action　人と結びついている性質や年齢は of で表現します。
（9）an exam **in** French　フランス語と試験は別物です。範囲や分野を表す in を用います。
（10）a novel **by** Tolstoy　動作主・主体を表す by を用います。
（11）a letter **from** my friend　「友人から来た手紙」というニュアンスなので。
（12）an operation **for** cancer　ガンと手術は別物です。目的を表している for を用います。
（13）a student **at** ABC High School　「部分感覚」はややうすく、これが自然。
（14）news **at** seven　「7時に行われるニュース」という感覚。
（15）a change **in** the weather　天気と変化は別物です。範囲や分野を表す in を用います。

(16) the education **of** children　of の前が動詞系の名詞のときは、of 以下は主語か目的語。
(17) the season **for** outings　「行楽のためのシーズン」（目的）と考えます。
(18) a picture book **in** English　a picture (written) in English（英語で書かれた絵本）。
(19) an inn **on** the lake　「湖（の水辺のライン）に接している位置にある宿」という感覚です。
(20) light **from** the sun　「太陽からの光線」と捉えます。


## 2. 日本語につられずに、ふさわしい前置詞をえらべる？

もっとも適切な前置詞を入れる問題です。（グループ前置詞を入れる場合もあります）　　　　　　　　　各5点 × 20問

(1) テーブル**から**立ち上がる　get up ___ the table
(2) 部屋**から**出てくる　come ___ the room
(3) （ボタンが）コート**から**外れる　come ___ the coat
(4) 4月**から**始まる　begin ___ April
(5) （太陽は）東**から**昇る　rise ___ the east
(6) 窓**から**家の中に入る　get into the house ___ the window
(7) 車**で**（単に車に乗って）そこに行く　go there ___ the car
(8) 車**で**（他の交通機関ではなく）そこに行く　go there ___ car
(9) ナイフ**で**それを切る　cut it ___ a knife
(10) インク**で**書く　write ___ ink

279

（11）10ドルでそれを買う　buy it ☐ ten dollars
（12）5分差で列車に乗り遅れる　miss the train ☐ five minutes
（13）店へ買い物に行く　go shopping ☐ the shop
（14）川へ泳ぎに行く　go swimming ☐ the river
（15）（今から）5日後に戻る　be back ☐ five days
（16）（過去のあるときから）1週間後に彼と会った　met him ☐ a week
（17）その計画に賛成、あるいは反対して　be ☐ or ☐ the plan
（18）本を出版元に注文する　order the book ☐ the publisher
（19）年齢の割には若く見える　look young ☐ one's age
（20）コーヒーを飲みながら［夕食を食べながら］それについて話し合う　talk about it ☐ coffee［dinner］

　いかがでしたか。先ほどの問題より少し簡単に感じられたでしょうか。

　では、答え合わせと簡単な解説です。**70点以上取れればOKです。80点以上ならすばらしい！**

（1）get up **from** the table　動作の起点を表しています。
（2）come **out of** the room　「中から外へ」という動きを表しています。
（3）come **off** the coat　「〜からの分離」を伝えています。
（4）begin **in** April　「〜に始まる」という発想です。begin at

280

seven / begin with the page

(5) rise **in** the east　やはり「東の空に昇る」という発想がカギです。方向は in を用います。

(6) get into the house **through** the window　「窓を通り抜けて」の感覚です。

(7) go there **in** the car　単に「乗って」は、in や on などで表現します。

(8) go there **by** car　「ほかでもないこの交通手段で」と言いたいときは by を用います。

(9) cut it **with** a knife　道具イメージ

(10) write **in** ink　材料イメージ

(11) buy it **for** ten dollars　「10ドルと引き換えに」という感覚です。

(12) miss the train **by** five minutes　5分の「近接」で、という感じです。

(13) go shopping **at** the shop　「へ」につられないこと。shopping と結びつけて考えます。

(14) go swimming **in** the river　to にすると、川まで陸地を泳ぐことになってしまいます。

(15) be back **in** five days　「今から〜後に」は in を用います。「今から〜前」は 〜 ago。

(16) met him **after** a week　過去から見ての「〜後」は after 〜、「〜前」は before 〜。

(17) be **for** or **against** the plan　「支持」の for、「対立」の against。

(18) order the book **from** the publisher　直前の the book は、

出版社から来るので。
- (19) look young **for** one's age 「年齢に思いを向けると」といった感じです。
- (20) talk about it **over** coffee[dinner] 「〜に上体がおおっている状態で」という感覚です。


　皆さんのスコアはどうでしたか。たとえ悪くても、どうぞ気にしないでくださいね。はじめからできる人は、だれもいません。要は、身につければいいのですから。

　では、復習です！　最後の重点チェックを、どうぞがんばってやり遂げてくださいね。

　そのあとに、簡単な結びがあります。

## 重点チェック・即答10問

(リミット80秒)

1. 前置詞はどんなことばに似ていますか。それで2つのどんな「世界」を持っていますか。
   (解答)　動詞と似ていて、「動」の世界(動作)と「静」の世界(状態)とがある

2. 前置詞＋名詞のかたまりを何と言いますか？　そのかたまりは、文中で主にどんな2つの働きをしますか。
   (解答)　前置詞句といい、①動詞や準動詞を説明する　②直前の名詞を説明する

3. on の中心イメージと、主な広がりイメージ5つを言えますか。
   (解答)　中心イメージは「接触」、主な広がりイメージは、面・線・立体への接触、スイッチ on の接触、土台にのっている接触、よりかかる接触、上から力が加わる接触、付いて離れない接触(以上6つの中から5つ)

4. at と in の中心イメージはどんなものですか。
   (解答)　at は「一点」、in は「あるワクの中」

5. from と to の中心イメージはどんなものですか。
   (解答)　from は「起点と、そこからの分離」、to は「向かう＋到達」

6. of と by の中心イメージはどんなものですか。

（解答） of は「切っても切れない関係」、by は「近接：寄って／依って 感覚」

7. for と with の中心のイメージはどんなものですか。

（解答） for は「〜に向けて」（良いイメージで）、with は「〜を持って／伴って」

8. 「〜のために」というニュアンスを伝えるグループ前置詞を3つ言えますか。

（解答） because of、owing to、due to、on account of の中のいずれか3つ

9. by と until [till] では、示す意味と訳がどうちがいますか。

（解答） by は「期限」を表し、「〜までには」と訳すことができ、until [till] は「継続」を表し、「〜までずっと」と訳すことができる

10. though[although]、despite、with[for] all、in spite of は似た意味合いを示しますが、使い方がどのように異なりますか。

（解答） though[although] は接続詞で、その後に文が続くが、despite, with[for] all、in spite of は前置詞で、その後に名詞が続く

### ここでちょっとブレイク

## 英語のやさしいことば

**Nothing ventured, nothing gained.**
「思い切って行わなければ、得るものは何もない」

価値のあるものであればあるほど、
それを手に入れるには、大きな努力と強固な意志が必要です

ためらいを除き、
死ぬ気の勇気と捨て身の気持ちを持ってこそ、
物事は動き、開けてくるのではないでしょうか

## 結びとして

　いかがだったでしょうか。
　様々な英語表現の根底にある「ネイティブ感覚」に注目しながら、いくつかの文法表現について一緒に考えることができました。ここまで、皆さんがこの本に付き合って**最後まで読んでくださったことに、まず心から感謝したいと思います。**

　この本は「はじめに」でも述べたように、少しでも皆さんが英語好きになり、より深く英語を学ぶための「架け橋」になってくれたらと思い、語りかけるようにしながら丹念に作り上げた「作品」です。入門書なので、丁寧さは心がけましたが、混乱を招いてはいけないと思い、細かな例外や差異などにはあまり触れずに仕上げることにしました。それでも皆さんがこの本を通して、英語の本質的な部分や感覚に触れ、**「ああ、だからそうだったんだ！」という発見や納得や喜び**をわずかでも経験してくださったとしたら、筆者としてこれほどうれしいことはありません。

　かなうなら、次回は読解を視野に入れた続編を書きたいと思っています。
　「英文をサクサクと読めたらいいのに！」と願うのは、誰でも変わることのない一つの夢です。それでこの続編では、速読のための大切なカギをその中で示したいと考えています。加えてその中では、今回取り上げられなかった、節や句を作る接続詞や関係詞、不定詞や分詞・動名詞、そして比較や否定などの感覚についても取り上げたいと思っています。どうぞ楽しみにしてくださいね！

　結びに、この本を書くきっかけを作ってくださった山本安彦さん、さらに原稿を読んで社会人や学生の立場から感想やアドバイスやたくさんの声援を送ってくださった千葉みずほさんや百瀬裕美さんや久保大樹さん、横井伸成さんなど**大勢の皆さんに対して、心からの感謝を捧**

げたいと思っています。

著者略歴

## 久保 聖一
### くぼ せいいち

筑波大学人文学類言語学科卒業。
塾経営を通じて、また予備校や塾の講師として、これまで30年以上にわたり英語教育に携わってきた。現在は東京の「塚本数学クラブ」で、難関高校受験を目指す生徒たちの英語指導を行なっている。いやし系で、それでいて熱く、楽しく、分かりやすく、本質を深く掘り下げて心底「なるほど！」と納得させる授業が特色。これまで数えきれないほどの英語嫌いを英語好きに変えてきた。

## 英語感覚が理屈でわかる英文法

| 2016年 7月25日 | 初版発行 |
| --- | --- |
| 2016年 11月19日 | 第3刷発行 |

| 著者 | 久保 聖一 |
| --- | --- |
| カバーデザイン | 竹内 雄二 |
| 本文イラスト | 久保 淳子 |

Ⓒ Seiichi Kubo 2016. Printed in Japan

| 発行者 | 内田 真介 |
| --- | --- |
| 発行・発売 | ベレ出版 |
| | 〒162-0832 東京都新宿区岩戸町12 レベッカビル |
| | TEL (03) 5225-4790 |
| | FAX (03) 5225-4795 |
| | ホームページ　http://www.beret.co.jp/ |
| | 振替 00180-7-104058 |
| 印刷 | 株式会社　文昇堂 |
| 製本 | 根本製本株式会社 |

落丁本・乱丁本は小社編集部あてにお送りください。送料小社負担にてお取り替えします。
本書の無断複写は著作権法上での例外を除き禁じられています。
購入者以外の第三者による本書のいかなる電子複製も一切認められておりません。

ISBN978-4-86064-479-6 C2082　　　　　　　　　　編集担当　脇山和美